Steve & Shaaron Biddulph

Wie die Liebe bleibt

Über die Kunst ein Paar
und Mann und Frau zu sein

W0171897

Steve & Shaaron Biddulph

Wie die Liebe bleibt

Über die Kunst ein Paar
und Mann und Frau zu sein

Illustrationen von John Wright

BEUST VERLAG

Die Deutsche Bibliothek – CIP-Einheitsaufnahme
Biddulph, Steve:
Wie die Liebe bleibt : Über die Kunst ein Paar und Mann und Frau zu sein
/ Steve Biddulph. Mit Ill. von Jon Wright – München : 2. Aufl. – Beust, 2001
ISBN 3-89530-025-X

2. Auflage 11.–20. Tausend, März 2001

© Copyright Steve and Shaaron Biddulph 1999
Titel der englischen Originalausgabe: *The Making of Love*
This revised and expanded edition first published in Australia and
New Zealand in 1999 by Doubleday Australia, a division of Transworld Publishers,
Australia
Deutsche Ausgabe erschienen mit Genehmigung von Transworld Publishers
(Australia) Pty Limited

© 1999 der deutschen Ausgabe:
Beust Verlag, Fraunhoferstraße 13, 80469 München
www.beustverlag.de

FOTOS: David Hancock, Sydney; Hansjörg Künzel, München; Markus Härle, Ulm;
Florentine Schwabbauer, München; Volker Derlath, München
ILLUSTRATION: © Jon Wright
ÜBERSETZUNG AUS DEM ENGLISCHEN: Astrid v. Soosten, Claudia Magiera für
GAIA Text, München
LAYOUTDESIGN, SATZ UND PRODUKTION: Yvonne Heizinger, GAIA Text, München
UMSCHLAGDESIGN: Markus Härle für GAIA Text, München
DRUCK: Offizin Andersen Nexö, Leipzig

ISBN 3-89530-025-X

Printed in Germany

INHALT

DANKSAGUNG

Kurz nach der Geburt unseres ersten Kindes zerbrach die Ehe zweier älterer Freunde auf schmerzhafteste Weise. Die Trauer und Hilflosigkeit, die wir angesichts der Situation empfanden, bewegten uns schließlich zu einer ausgedehnten Suche nach den Gründen dafür, weshalb manche Ehen halten und gedeihen und andere zerschellen.

Hilfe wurde uns aus vielerlei Richtungen zuteil. Einige Ideen dieses Buches, darunter Teile der Kapitel »Die Liaison von Sex und Romantik«, »Das Heimkehr-Ritual« und »Der kompromisslose Weg zu mehr Erfüllung«, stammen von Ken und Elizabeth Mellor. Außerdem profitierten wir außerordentlich von den Lehren und Therapiemethoden Dr. Julie Hendersons, einer in den USA und Australien führenden Vertreterin der Bioenergetik. Robin Maslen, der Vater der Transaktionsanalyse, weihte uns in die vier Grundstrukturen der Partnerkommunikation ein.

Virginia Satir, Bob und Mary Goulding, Colin McKenzie und viele andere führende Vertreter der Familientherapie übten ebenfalls starken Einfluss auf unsere Arbeit aus.

Rex Finch gab die Erstausgabe dieses Buches, das in elf Jahren siebenmal nachgedruckt wurde, in Auftrag. Shona Martyn und Katie Stackhouse versetzten uns mit der Ankündigung eines weiteren Nachdrucks den Schrecken, der uns die vorliegende Ausgabe grundlegend überarbeiten ließ. John Wright schließlich hat uns erlaubt, seine köstlichen, teils eigens für dieses Buch gezeichneten Cartoons, zu verwenden.

Hinweis:
Wenn wir in diesem Buch den Begriff »verheiratet« verwenden, dann meinen wir damit die Verpflichtung von zwei Menschen zu einem langfristigen Lern- und Liebesprojekt. Ob sie gesetzlich verheiratet sind, spielt dabei keine Rolle. (Schließlich kann man eine Ehe eingegangen sein, ohne an einem solchen Projekt mitzuwirken).
Obzwar wir das Buch vorrangig im Hinblick auf heterosexuelle Partnerschaften geschrieben haben, hegen wir die Hoffnung, es möge auch homosexuellen Paaren einen Dienst erweisen.

Es ist von geringer Bedeutung,
ob Sie Milliardär sind
oder im Laden an der Ecke arbeiten.

Es ist von keinerlei Bedeutung,
ob Sie gut aussehen,
gebildet sind,
berühmt oder unbekannt.

Worauf es ankommt, ist,
ob Sie gelernt haben,
wie man liebt.

Steve Biddulph

VORWORT

Dieses Buch ist zum ersten Mal im Jahr 1988 erschienen, und wir dachten, es dürfte nun bald in den Ruhestand treten. Aber immer wieder sprachen uns auf der Straße und in Geschäften Leser an und beteuerten, »Wie die Liebe bleibt« hätte ihnen von allen unseren Büchern am meisten geholfen. Anstatt dem Buch den Gnadenstoß zu versetzen, haben wir also Wiederbelebungsmaßnahmen, Massagen und Potenzmittel angewandt und es einer Komplettrenovierung unterzogen. Es ist jetzt in seinen Zielsetzungen pointierter, und seine Sprache ist leichter verständlich, während die Methoden einfacher und effektiver sind.

Das Anliegen dieses Buches ist im Grunde ein simples: Es will Ihnen erstens dazu verhelfen, verheiratet zu bleiben und Ihre Ehe zu genießen. Zweitens will es Sie darin unterstützen, im Team die Kindererziehung zu bewältigen, ihre Dramen, aber auch ihre Freuden. Anstatt als Nummer in den Scheidungsstatistiken zu enden, haben Sie also hiermit die Chance, an einem bedeutenden gesellschaftlichen Durchbruch mitzuwirken – und zur ersten Generation zu zählen, die funktionierende Beziehungen leben lernt.

Was Sie außerdem wissen sollten: Dieses Buch handelt nicht davon, wie Sie mit der Familie fertig werden oder wie Sie sich am besten in das enge Korsett einer zahmen und wohl geordneten Ehe zwängen. Es handelt auch nicht von Selbstaufgabe, um den Ansprüchen der Gesellschaft zu genügen. Vielmehr will es Sie in die Lage versetzen, sexuelle Probleme, Kommunikationsschwierigkeiten, die Herausforderungen der Kindererziehung, kurz: Ihre Situation ehrlich anzugehen. Damit werden sich Ihre persönlichen Schwächen und Begrenzungen in Luft auflösen und Sie werden sich freier und erfüllter fühlen, als Sie es jemals für möglich gehalten hätten.

Wenn Sie Kinder großziehen, können Sie die Mysterien des Lebens ergründen. Es gibt keine heißere Hölle und kein tieferes Wasser als die »Ehe mit Kind«. Aber mit Hilfe dieses Buches werden Sie ein Familienleben schaffen, das Sie (meistens zumindest) herzlich lachen oder vergnügt darüber lächeln lässt, in welch einem vor Liebe, Leben und Wachstum summenden Bienenstock Sie zu Hause sind.

Und nicht zuletzt will das Buch Sie darin unterstützen, sich vom modernen Konsumwahn loszusagen und menschlichen Beziehungen die oberste Priorität einzuräumen.

Letzten Endes geht es in diesem Buch also um Selbstbefreiung – darum, wie Sie mehr Liebe in Ihr eigenes Leben tragen können und in Ihre Umwelt, die der Liebe so dringend bedarf.

Über noch etwas sollten Sie sich im Klaren sein: Gute Beziehungen erfordern Zeit und Mühe, und wer etwas anderes behauptet, der drischt leeres Stroh. Liebe ist Schwerstarbeit. Sie beinhaltet den unaufhörlichen Kampf um Ehrlichkeit und das fortgesetzte Risiko, abgelehnt zu werden. Gewiss, man wird Sie nicht immer mögen, und manchmal wird es recht ungemütlich. Aber Ihre Liebe wird echt sein und die Nähe, die Sie aufbauen, unzerstörbar und unvergesslich.

Manche Schwierigkeiten lassen sich nicht vermeiden. Verwirrung und Einsamkeit aber sind unnötige Belastungen. Unser Buch versucht diese beiden Erzfeinde eines glücklichen Lebens nach Kräften auszuschalten. Wir wollen Ihnen eine Landkarte sowie einen Kompass zur Verfügung stellen, damit Sie bei Ihrer Reise nicht vom richtigen Weg abkommen. Und Ihnen anhand von Anekdoten und Beispielen zu verstehen geben, dass sich überall Menschen auf der gleichen Reise befinden und dass man von ihren Erfahrungen lernen kann.

Wenn Sie möchten, dass Ihre Beziehung – und ebenso Ihre Familie – gedeiht, ohne gegen die Stimmen Ihres Herzens, Ihres Verstandes und Ihrer Wertvorstellungen Kompromisse zu schließen, dann sollten Sie dieses Buch lesen.

Wir hoffen, dass es Ihnen gefällt.

Steve und Shaaron Biddulph   Sommer 1999

Über uns und über Sie

Über uns

Ein Buch ist genau betrachtet eine sehr einseitige Art von Gespräch. Da wir »Ihr Ohr« etwas über zweihundert Seiten lang beanspruchen wollen, wäre Ihre Frage, mit wem Sie es hier
eigentlich zu tun haben, nur allzu angebracht. Also lassen Sie uns
den Schleier lüften!

Wir sind ganz durchschnittlich. Unser Haus ist immer unor-
dentlich, wir lachen häufig, wir verlegen unsere Autoschlüssel,
und unsere Nachbarn wissen, dass wir unsere Kinder anschreien
und uns zanken. Da wir auf die Fünfzig zugehen, sehen wir allmählich ältlich und ein wenig komisch aus. Aber das ist uns –
sehr zum Unmut unserer Kinder! – reichlich egal. Wir leben seit
25 Jahren zusammen, 16 davon verheiratet, und unsere Kinder –
ein Junge und ein Mädchen – sind 15 und 8 Jahre alt.

Steve entstammt einer fürsorglichen, emotional aber eher re-
servierten und ziemlich zurückgezogen lebenden Einwanderer-
familie aus, Sie werden's vielleicht erraten, England. Shaaron ist

irisch-deutscher Herkunft. Sie erblickte auf den Zuckerrohrfeldern von North Queensland das Licht der Welt – als eines von fünf kleinen Mädchen, die zusammen mit ihren Eltern hart arbeiten mussten, um über die Runden zu kommen.

Wir waren Arbeiterkinder, die das Glück hatten, in den Sechzigerjahren aufzuwachsen. So konnten wir eine anständige Ausbildung absolvieren und uns über den Horizont unserer Eltern hinausbewegen. Nach einer nicht ganz glatt verlaufenen Jugend entschied Steve sich für eine Ausbildung zum Psychotherapeuten. Shaaron wurde zunächst Krankenschwester und anschließend Sozialarbeiterin. Rückblickend waren diese Ausbildungen von eher begrenztem Nutzen, doch wir schlossen viele Freundschaften und gingen einer sinnvollen Beschäftigung nach, während wir erwachsen wurden.

Steve spezialisierte sich auf Familien und Kinder, während Shaaron mit Gehörlosen arbeitete. Davor, als blutjunge Krankenschwester, musste sie durch die tiefen Täler von Krankheit, Tod und Verlust wandern.

Dass wir schon in jungen Jahren hart »rangenommen« wurden, erwies sich als Vorteil. Unsicher zwar, aber zu großen Taten entschlossen, stellten wir fest, dass unsere Patienten die Ehrlichkeit schätzten, mit der wir zugaben, noch nicht viel zu wissen. Da wir wenig anderes anzubieten hatten, verlegten wir uns auf genaues Zuhören und das scharfe Beobachten jeder Bewegung und jedes Gesichtsausdrucks. Mit Hilfe der Menschen, denen wir helfen sollten, wollten wir selbst das Leben verstehen lernen.

Indem wir so Nähe schufen, lernten wir unsere Patienten häufig besser kennen und schätzen als sie sich selbst. Manchmal konnten wir durch Zuhören tatsächlich helfen, andere Male – aus heutiger Sicht betrachtet – recht wenig ausrichten. Aber in allen Fällen stellte sich irgendwann eine gewisse innere Beziehung ein. Das geschah bei »normalen« Menschen, aber auch bei solchen, die gewalttätig und kriminell waren, ja sogar bei Mördern. Als wir erfahrener wurden, arbeiteten wir mit Opfern von Vergewaltigung und Missbrauch, mit Veteranen verschiedener Kriege, mit Menschen, die Verbrechens- oder Unfalltraumata zu verarbeiten hatten, und natürlich an einer Vielzahl von alltäglicheren psychologischen Problemen.

Die Therapiearbeit kann einen völlig vereinnahmen. Nach ein paar Jahren begannen wir uns zu fragen, ob mit der Familie des ausgehenden 20. Jahrhunderts nicht grundsätzlich etwas schief liefe. Wir hatten mit Hunderten von Eltern gesprochen, die allesamt mehr oder minder identische Probleme mit ihren Kindern hatten, und mit Hunderten von vernünftigen, liebevollen Paaren, die um das Überleben ihrer Ehen kämpften. Und das im tasmanischen 62 000-Seelen-Städtchen Launceton. Nach so manchem arbeitsreichen Tag hätten wir am liebsten eine große Versammlung einberufen und gefragt: »He, Leute, was geht hier eigentlich vor?« Oder, um es anders auszudrücken: »Warum ist das Familienleben so gottverdammt schwer?«

Bedeutet Normalsein »Verkorkstsein«?

Um uns selbst und unseren Klienten diese Frage zu beantworten, lasen wir viele Bücher und begannen zu reisen und Menschen in anderen Ländern zu befragen. Während der Siebziger- und Achtzigerjahre sammelten wir auf Reisen Eindrücke von Kindheiten und Familienleben in anderen Gesellschaften. Wir verbrachten einige Zeit in Kalkutta und in entlegenen Dörfern auf Papua-Neuguinea und wir besuchten moderne Städte wie Singapur, San Francisco, Auckland und Beijing.

Als wir in den Slums von Kalkutta und im entlegenen Busch der Pazifikinsel Neubritannien das Leben von Babys beobachteten, überraschte uns, wie zufrieden und glücklich Kinder und Eltern oftmals wirkten. Nicht minder frappierte uns das genau gegenteilige Bild, das Eltern und Kinder in australischen und nordamerikanischen Kindertagesstätten, Schulen und Vorstadtgärten boten. Der nahe liegende Schluss war alarmierend: Je wohlhabender eine Gesellschaft ist, desto armseliger gestaltet sich das Leben ihrer Kinder und desto belastender ist die Erfahrung des Elterndaseins.

Im Westen genossen wir die Segnungen der modernen Zivilisation wie Autos, Krankenversicherung, eine komfortable Wohnung und elektrische Geräte. Unsere Kinder starben nicht an vermeidbaren Krankheiten und bekamen eine gute Erziehung mit auf den Weg. Dennoch war unser Leben gekennzeichnet von Zeitmangel, Isolation, Einsamkeit und Konkurrenz anstelle von Kooperation mit unseren Mitmenschen. Wir hatten unser emotionales Wohlbefinden gegen materielles Wohlergehen eingetauscht. Emotional befand sich die westliche Durchschnittsfamilie in einem beklagenswerten Gesundheitszustand. Sie drohte am Stress zugrunde zu gehen.

Es drängte sich die Frage auf: Ist es möglich, vom modernen Fortschritt zu profitieren und gleichzeitig die menschliche Nähe

14

und Lebensfreude, die für traditionelle Gesellschaften so kennzeichnend sind, wiederzugewinnen?

In seinem Buch »Das Geheimnis glücklicher Kinder« plädiert Steve für einen liebevolleren, positiveren Erziehungsstil. Er verfasste es 1984 – zu einer Zeit, in der es der einschlägigen Literatur vor allem darum ging, Kinder zu »zähmen« oder, um es anders auszudrücken, dem verrückten Lebensrhythmus der Erwachsenen anzupassen. Ohne großen Rummel fand das Buch nach und nach Liebhaber auf der ganzen Welt.

Unser zweites Buch, »Wie die Liebe bleibt«, halten Sie soeben in der Hand. Zu zweit Bücher schreiben erfordert etliche Diskussionen und daher viel Zeit. Trotzdem hatten wir es im Jahr 1998 auf sieben Bücher in fünfzehn Sprachen und fast zwei Millionen Haushalten gebracht.

Inzwischen sind wir älter geworden und gelassener. Wir haben unsere Kinder zur Hälfte großgezogen und erheben nicht mehr den Anspruch, die ganze Welt retten zu wollen. Wir begreifen uns als Teil einer größeren gesellschaftlichen Bewegung, in der Eltern ihren Wert entdecken, Männer ihren Platz in der Familie zurückerobern und die Kindheit wieder schöner wird. Wir unterhalten weltweit Verbindungen zu Menschen und Gruppen, die sich ähnlichen Zielen verschrieben haben.

Manchmal betrachten wir unser eigenes Leben mit Staunen. Wir haben sehr viel Glück gehabt, aber auch genügend Schwierigkeiten und Katastrophen erlebt, um mit denen fühlen zu können, die schwer zu tragen haben. Wir finden es einfach wunderbar, zu leben, Kinder und Freunde zu haben und jeden Morgen die Sonne aufgehen zu sehen.

Kann ein Buch ein Freund sein?

Ein Buch lesen kann mitunter eine unpersönliche Angelegenheit sein. Sitzt man seinem Gesprächspartner gegenüber, fällt es leichter, ihn einzuschätzen und sich in ihn hineinzuversetzen. Auch wenn wir Sie niemals persönlich treffen werden, hoffen wir doch, dass sich Ihnen die Empathie, die in die Seiten dieses Buch eingeflossen ist, mitteilen wird. Und wir hoffen, dass sich Ihrerseits im Lauf der Lektüre ein Gefühl der Verbundenheit einstellt, denn: Sich aufgehoben und als etwas Besonderes fühlen ist Geburtsrecht eines jeden Kindes und selbstverständliches Recht einer jeden erwachsenen Person!

So gewiss wie ein Kind im Frühling weiss, daß die Sonne nur ihm scheint, so sicher dürfen Sie sich sein, dass dieses Buch ausschließlich für Sie geschrieben wurde.

Die zwei großen Konflikte der Gegenwart

Der Kampf für die Kindheit

Wir sind Zeitzeugen einer der größten und womöglich bedeutendsten Auseinandersetzungen unserer Tage. Auf der einen Seite der Front streiten ökonomische Rationalisten – unter ihnen viele an Lehrstühlen für frühkindliche Entwicklung beschäftigte Akademiker –, die meinen, dass Kindheit sich professioneller und stromlinienförmiger, also »effizienter« gestalten lässt. Auf der anderen Seite stehen unsere Gesinnungsgenossen. Ihrer Überzeugung nach kann man Liebe weder kaufen noch übereilen noch in Zeitfenster quetschen, sondern muss sie sich in Jahren intensiver Beziehungsarbeit mit Kindern sowie Partnern verdienen.

In der Diskussion über die Krippentauglichkeit kleiner Babys kommt ein Aspekt dieses gesellschaftlichen Zwiespalts zum Ausdruck, ein anderer im Kampf um kinderfreundlichere Arbeitszeiten für Väter und Mütter. Konzerne dominieren die Welt. Sie bringen viele Änderungen über uns und sie schreiben Liebe, Gemeinsamkeit und Familie nicht groß. Aber zum Glück formiert sich mittlerweile eine elterliche Kraft, die den weltweiten Angriffen durch verschiedene Konzerne (die zum Beispiel Babymilchprodukte in Afrika vermarkten oder stark teerhaltige Zigaretten an Kinder in der Dritten Welt verkaufen) und ihren inhumanen, familienfeindlichen Arbeitspraktiken entgegenwirkt.

Wir müssen unsere Kräfte bündeln und uns gegenseitig ermutigen und inspirieren. Die modernen Medien sind darauf aus, in unseren Kindern das Gefühl unstillbarer Unzufriedenheit und immer neue Konsumwünsche zu wecken. Unsere Teenager sollen ihr Selbstwertgefühl daran messen, ob sie bestimmten Schönheitsidealen entsprechen. Wir Eltern müssen deshalb eine Allianz bilden und uns wehren. Es gibt eine berechtigte Hoffnung auf Erfolg, aber wir haben keine Zeit zu verlieren. Denn die gleichen Kräfte, die im Zeitalter der industriellen Revolution unser Familienleben und unser Sozialgefüge zerstört haben, sind nun in China, Thailand, Malaysia und Afrika am Werk.

Der Kampf für die Ehe

Die zweite Schlacht, die zu schlagen ist, gilt der Rettung der Liebesbeziehungen. In Australien werden 40 Prozent aller Ehen geschieden, und eine erkleckliche Anzahl von Ehepaaren ist alles andere als glücklich. Nach Hunderten von Eheberatungen wagen wir zu behaupten, dass sich 70 Prozent aller Trennungen verhindern lassen. Diese Trennungen rühren nämlich daher, dass die Beteiligten in Panik geraten, weil sie nicht über die notwendigen Fähigkeiten, das Durchhaltevermögen oder auch die Reife verfügen, sich durch eine schwierige Lage zu kämpfen und so über sich selbst hinauszuwachsen. Es hat sich gezeigt, dass getrennte Paare häufig wieder zusammenfinden, um nach vier oder fünf Jahren vor dem gleichen Problemberg – und dazu den nicht abgetragenen Altlasten ihres ersten Versuchs – zu stehen. »Hätte ich den richtigen Partner, dann wäre alles ganz anders«, dieser (als Leitideal durchaus sinnvolle) Gedanke erweist sich oft als Schimäre, und zwar deswegen, weil wir das gleiche Ich mit uns herumschleppen.

In der Abgeschlossenheit des Beratungszimmers hören wir von Geschiedenen immer wieder: »Hätte ich all das früher gewusst, dann wäre ich geblieben und hätte an unserer Beziehung gearbeitet.« Natürlich muss man sich von Partnern trennen, die heillos gewalttätig oder süchtig sind, unser Vertrauen grob missbrauchen oder uns ausnutzen. Aber für gewöhnlich lassen wir uns mit Menschen ein, die ähnliche Schwächen aufweisen wie wir und von denen wir viel lernen könnten, wenn wir durchhalten. Das heißt nicht, dass man sich mit missliebigen Dingen abfinden soll. Vielmehr muss man lernen, Veränderungen herbeizuführen.

Partner können noch so unterschiedlich sein, die Aufgabe bleibt stets dieselbe. In der Liebe Erfolg haben erfordert das Erlernen bestimmter Fähigkeiten, und dabei will Ihnen dieses Buch behilflich sein. Es verlangt auch, dass man hohen Wert auf gesunde Beziehungen legt und sich durch die krankhaften Zwänge der Konsumgesellschaft nicht vom rechten Weg abbringen lässt. Dass man begreift, welch kostbares Gut Zeit ist und wie man es investiert, um möglichst viel Liebe in das eigene Leben hineinzutragen. Dies kann heißen, dass man sich mehr Zeit zum Nachdenken einräumt (ein einsamer Spaziergang ist mitunter das beste, was Sie für Ihre Ehe oder Familie tun können). Und im Zusammensein mit anderen bedeutet es natürlich, der Liebe Platz zum Gedeihen zu lassen.

Zeit ist ein zentrales Problem des modernen Lebens. Wir wandern nicht mehr über Wald- und Wiesenwege, um unsere Freunde zu besuchen, und wir verrichten auch keine Feldarbeit mehr, die uns genügend Zeit zum Nachdenken lässt. Stattdessen müssen wir uns die Zeit, die unsere Seele braucht, die Zeit für stilles Sinnieren oder anregenden Gedankenaustausch, die in früheren Jahrhunderten täglich zur Verfügung stand, regelrecht stehlen. Hauptfeind der Liebe in unserer Zeit ist nicht der Hass, sondern die Hast. Doch es gibt immer wieder auch Erfreuliches zu bemerken: Sobald zwei Menschen, seien es Eltern und Kind oder Freund und Freundin, Zeit und Mühe investieren, wächst die Liebe.

Der Kampf für einen liebevolleren Umgang mit unseren Kindern und der Kampf für innigere, beständigere und erotischere Beziehungen zwischen Mann und Frau sind eng miteinander verknüpft. Unsere Kinder haben nichts davon, wenn wir schlechte Ehen führen oder aus unseren verzwikkten Ehen flüchten. Wir sind es ihnen schuldig, dass wir unsere Probleme angehen und lösen. So können sie ihre Eltern in einer lebendigen, aber Rückhalt und Kraft spendenden Einheit erleben. Wie wir selbst haben auch sie ein Recht auf diese Stabilität.

Wer für die Liebe und damit die Menschlichkeit eintritt, erhebt gleichsam ein leuchtendes Schwert gegen die Fratze des ökonomischen Rationalismus, gegen die wie ein böser Krebs wuchernde Konsumkultur. Das tun immer mehr Menschen. Immer mehr Menschen erklären – endlich! – die Liebe zu ihrem zentralen Lebensprinzip.

Nun zu Ihnen

Und Sie? Sie stecken wahrscheinlich mitten im Schlamassel. Eines Morgens sind Sie aufgewacht und mussten feststellen, dass Sie kein Kind mehr sind. Sie haben eine Wahl getroffen, Fehler gemacht, geliebt, Versprechen gegeben und vermutlich auch Kinder gezeugt. Sie haben Falten im Gesicht, und an einigen Partien ist das Gewebe schon leicht schlaff.

Ist dies das Leben, das Sie sich vorgestellt haben?

Wenn wir jung sind, träumen wir weit hinaus in die Zukunft. Als Eltern von kleinen Kindern haben wir Träume, die zur Kurzfristigkeit tendieren. In diesen Jahren sind wir froh, auf eine halbe Stunde Pause und ein kurzes Nickerchen hoffen zu dürfen. Geradezu verwegen ist der Gedanke, eine Zeitung von Anfang bis Ende lesen zu wollen. Oder abends vor dem Schlafengehen noch die Energie aufzubringen, den Fremden, der unser Partner ist, zu lieben. Ehe wir uns versehen, haben wir es plötzlich mit Teenagern zu tun und mit all den mentalen Herausforderungen, vor die Jugendliche uns stellen. Wenn wir nicht aufpassen, dann macht das Leben mit uns, was es will – und nicht umgekehrt. Während Sie dies lesen, mag Ihr Familienleben intakt sein. Vielleicht quälen Sie sich aber auch gerade durch eine Durststrecke. Das wäre nicht weiter verwunderlich, denn heutzutage stellt das Fami-liendasein eine Herausforderung dar, bei der wir überdies wenig Unterstützung erfahren. Unsere Kultur stattet uns nicht mit den Mitteln zum Leben, sondern – was ein Unterschied ist! – Überleben einer Ehe aus. Das in der Mitte des 20. Jahrhunderts vielzitierte Sprichwort »Wie man sich bettet, so liegt man« war kaum ein guter Ratgeber für die Kunst des Liebens. Sein Pendant »Kinder soll man sehen, nicht hören« gab einen gleichermaßen schlechten Wegweiser für die Kindererziehung ab.

Weil unsere Erziehung uns so wenig sinnvolle Hilfen für das menschliche Miteinander mitgegeben hat, empfinden viele den Familienbereich als entmutigenden Bestandteil ihres Lebens. Viele Menschen meinen, im Arbeitsleben einfluss- und erfolgreicher zu sein als zu Hause. Anstatt sich zum Hafen der Liebe und Geborgenheit zu entwickeln, kann das eigene Zuhause zum Ort zutiefst deprimierender Unzulänglichkeit degenerieren.

Praktischer Schritt 1: Erkennen Sie Ihre Erfolge an

Haben Sie das Gefühl, familiär überfordert zu sein oder zu versagen? Dann hören Sie auf der Stelle auf, sich selbst an den Pranger zu stellen. Ehe wir uns damit beschäftigen, was zu verbessern wäre, sollten Sie unbedingt feststellen, wo Sie Ihre Sache schon jetzt richtig machen. Wenn Sie und Ihre Kinder noch leben und körperlich weitgehend unversehrt geblieben sind, wenn niemand von Ihnen gestorben ist oder im Gefängnis sitzt, dann (und selbst wenn's anders wäre) haben Sie schon millionenmal richtig gehandelt.

Ungeachtet der Fehler, die Sie begangen haben mögen, sind Sie Beziehungen eingegangen, haben kommuniziert, sich engagiert, Liebe gegeben und erhalten und insgesamt weit mehr vollbracht, als Ihnen bewusst ist. Eines Tages werden Sie dies erkennen.

Wir alle sind Pioniere und schlagen uns einen Weg durch den in Jahrtausenden gewachsenen Dschungel des Familienlebens, einen Weg, den keine Generation vor uns beschritten hat. In der Vergangenheit stellten familiäre Beziehungen oft bloße Fassaden dar, die es zu wahren galt. Niemand erwartete Nähe oder echte Kommunikation, Vorschriften und Klischees bestimmten das Handeln. Vor dem Zweiten Weltkrieg waren Ehen häufig ein Zustand, den man ertrug. In den Sechzigerjahren und später wurde all dies in Frage gestellt und die Ehe zur verderblichen Ware, die man fortwarf, wenn die Fäulnis einsetzte. Jetzt, an der Schwelle zum 21. Jahrhundert, könnten wir die erste Generation sein, die umfassend über das Funktionieren von Beziehungen aufgeklärt ist und auch über das erforderliche Handwerkszeug verfügt.

Sie und Ihre Familie wirken mit an diesem Durchbruch, und alle Menschen in Ihrer Umgebung ebenfalls. Keine Ihrer

Taten ist vergeudet. Sie sind nicht »gescheitert«, wenn Ihre Ehe zerbricht oder Ihr Kind in Schwierigkeiten gerät. Dies kann ein notwendiger Schritt auf Ihrem Lebensweg sein. Solange Sie voranschreiten, dazulernen und anpassungsfähig bleiben, können Sie ebensowenig scheitern oder sich rükkentwickeln, wie ein Baum in die Erde wachsen kann.

Wenn Sie sich unglücklich, schuldig, elend oder gefangen fühlen, so ignorieren Sie es nicht. Machen Sie es sich deutlich bewusst, dass Sie sich deswegen in dieser Verfassung befinden, weil Sie insgeheim wissen, dass Sie zu mehr in der Lage sind. Schenken Sie Ihren Sehnsüchten, Ihren Kümmernissen, Ihren Frustrationen Beachtung. Sie alle sind Zeichen Ihres Lebenswillens und wollen Sie motivieren, weiterzusuchen nach dem Besseren, von dem Sie wissen, dass es zu finden ist.

Leben in Liebe oder in Einsamkeit?

Die Entscheidungen, die wir im Leben treffen, fügen sich zu einem Ganzen, um im Alter dann deutlich hervorzutreten. Wir kennen eine ältere Dame, die schon seit Jahren im Altersheim lebt. Gespräche mit ihr drehen sich hauptsächlich um ihre Sorgen und darum, wie sehr die Mitbewohner ihr auf die Nerven gehen. Ihr Leben scheint aus Warten zu bestehen. Vielleicht hat das Leben im Altersheim sie so werden lassen. Möglicherweise aber war sie immer schon ichbezogen. Jedenfalls hinterlassen die Besuche bei ihr stets ein trauriges, leeres Gefühl.

Als unsere kleinen Kinder einmal mit uns die alte Dame besuchten, nahmen sie ihren größten Schatz mit, ein Wombatbaby (ein Wombat ist ein tasmanisches Beuteltier). »Everest« – fragen Sie bitte nicht, wie das Tier zu diesem Namen kam – lag in eine Decke gewickelt in einem Einkaufskorb. Vielleicht hätten wir die Dame deutlicher vorwarnen sollen, als wir ihr das Wickelbaby in den Schoß legten. Beim Anblick des pelzigen Wesens schrie sie auf und hätte es beinahe von sich geschleudert. Pelztiere scheinen ihr nicht sympathisch zu sein.

Es ist schwer zu sagen, ob und welche Leidenschaften und Abenteuer es im Leben dieser alten Dame gegeben hat. Ihre Verwandten werden bei ihrem Tod trauern, aber nicht übermäßig; sie scheinen eher auf die erlösende Nachricht von ihrem Ableben zu warten. Das Beispiel dieser Dame steht für eine Art von Altern, für eine Art von Leben. Können Sie sich vorstellen, wie es ist, auf diese Weise – isoliert, übellaunig, selbstsüchtig und abgekapselt vom Leben – alt zu werden?

Aber es kann auch anders sein. Mitch Albom erzählt in seinem 1999 erschienenen Bestseller »Dienstags bei Morrie« von einem alten Mann. Dieser, ein ehemaliger Hochschullehrer, stirbt an einer Krankheit, die ihn langsam lähmt. Liebevoll und vielseitig interessiert wie er ist, besitzt er viele gute Freunde. Daher ist sein Haus, auch als er sich nicht mehr bewegen und kaum noch atmen kann, ständig voller Menschen, die er bis zum letzten Atemzug »unterrichtet«: über das Leben und wie man es lebt. Vielleicht kennen auch Sie Menschen, die mit zunehmendem Alter lebendiger wirken, mehr in die Mitte des Geschehens gerückt statt an den Rand gedrängt. Ihnen Gesellschaft zu leisten ist immer ein Gewinn.

Man kann also offenbar auf zweierlei Arten durchs Leben gehen. Im Alter schält es sich deutlich heraus, welchen Weg Sie eingeschlagen haben. Wenn Sie sich für die Liebe stets Zeit nehmen, dann wird man sie Ihnen zurückgeben, wenn Sie alt sind und ihrer bedürfen. Wenn Sie sich dagegen einzig auf sich konzentrieren, auf Ihre eigenen Wünsche und Bedürfnisse, dann legen Sie besser viel Geld beiseite, denn nur gegen Bezahlung wird sich jemand um Sie kümmern.

Die drei lebenswichtigen Fragen

Niemand glaubt heutzutage mehr ernsthaft daran, dass er in seiner Todesstunde gen Himmel fahren und sich vor einem mit Kieselsteinen besetzten Tor anstellen wird und dass ein bärtiger, in ein Laken gehüllter Mann ihm einen Kurzabriss seines Lebens vorhalten wird. Aber mit fortschreitendem Alter drängen sich einem Fragen auf wie »Was habe ich aus meinem Leben gemacht?«. Eine gute Frage übrigens. Wir gehen jede Wette ein, dass Sie sich in den letzten Augenblicken Ihres Lebens folgende Fragen stellen werden:

1 Lieben meine Kinder mich immer noch, oder mögen sie mich wenigstens?

2 Hat mein Partner (haben meine Partner) mich geliebt, und wie steht es jetzt damit?

Und schließlich die bedeutendste Frage:

3 Liebe (oder zumindest mag) ich mich selbst, habe ich Gutes bewirkt?

Je nachdem, wie Ihre Antworten ausfallen, werden Sie entweder in Freude oder in tiefer Verzweiflung von dieser Welt gehen. Jetzt ist die Zeit, an diesen Fragen zu arbeiten.

Elemente eines erfüllten Lebens

Das Leben kann so hektisch sein, daß man nicht dazu kommt, das Gesamtbild zu betrachten. Eine Methode, es wieder besser in den Griff zu bekommen, besteht in der Inventur und Überprüfung seiner Hauptelemente.

Ihre Bestandsaufnahme dürfte in etwa folgendermaßen aussehen:

1. Ehe/Partnerschaft

2. Elternrolle

3. Selbsterfüllung

4. gesellschaftliches Engagement

5. Freundschaften

6. sinnstiftende Arbeit

Das sind, so glauben wir, die sechs Stützpfeiler des Lebens. Aber Sie müssen nicht auf allen davon ruhen. Zum Überleben reicht ein Pfeiler, mit zweien läßt es sich eine Weile recht gut auskommen. Man braucht wahrscheinlich drei, um wirklich lebendig zu sein. Auf allen sechs zu stehen, das ist ziemlich sicher zu viel des Guten, und Sie sollten sofort Ferien machen!

J. WRIGHT

Praktischer Schritt 2: Lebensgestaltungs-Fragebogen

(Scheuen Sie nicht die Mühe, einen Stift zu suchen. Schließlich kann die Auswertung dieses einfachen Fragebogens der Anfang eines neuen Lebens sein. Und das wollen Sie bestimmt nicht verpassen, bloß weil Ihre Kinder schon wieder alle Stifte verbummelt haben ...)

Stufen Sie sich selbst ein:

1. Ehe/Partnerschaft

Sie führen eine lebendige, dynamische Beziehung, die Zuneigung, Erotik, Teamwork, Spaß, harte Arbeit und gesunde Auseinandersetzungen beinhaltet.

Nein, das trifft
nicht auf mich zu   **0 1 2 3 4 5**   Ja,
ich denke schon

2. Elternrolle

Sie engagieren sich in der Erziehung Ihrer Kinder, verbringen viel Zeit mit ihnen und verspüren Stolz und Freude, obwohl die Kinder Sie unablässig fordern und an Ihre Grenzen führen.

Ihh,
ich hasse Kinder!   **0 1 2 3 4 5**   Ja, ich bin zwar
geschafft, aber
ich bin es gerne

3. Selbsterfüllung

Sie haben Zeit und (hart erkämpfte) Muße, um nachzudenken, sich zu amüsieren, Ihren Passionen und Interessen nachzugehen, zu entspannen und ganz Sie selbst zu sein.

Wie bitte, ich??

0 1 2 3 4 5

Ja, (tief durch-
atmen) ja wirklich!

4. gesellschaftliches Engagement

Sie empfinden die Welt, in der wir leben, als eigensüchtig
und ungerecht und engagieren sich aktiv für wohltätige
Zwecke oder eine Sache, die Sie als bedeutend für die
Menschheit einstufen.

Damit sollen sich
andere beschäftigen

0 1 2 3 4 5

Ja, mein Engage-
ment gibt mir viel

5. Freundschaften

Sie haben ein oder zwei alte, besondere Freunde und viele
andere gute. Sie nehmen sich wenigstens einmal im Monat
Zeit für sie, telefonieren mindestens wöchentlich mit ihnen
und fühlen sich wohl dabei, Probleme, Freuden, Träume
und Pläne mit ihnen zu teilen. Sie sind, wenn sich die Gelegenheit bietet, auch gern mit den Partnern und Kindern
Ihrer Freunde zusammen.

Dafür habe ich
leider keine Zeit

0 1 2 3 4 5

Ja,
das trifft zu

6. sinnstiftende Arbeit

Ob Sie bezahlt arbeiten oder unentgeltlich, ganz- oder halb-
tags – Sie können für Ihren Unterhalt aufkommen und in
der Arbeit einen gesellschaftlichen Beitrag erkennen. Selbst
bei niedersten Tätigkeiten verstehen Sie es, gute Laune zu

verbreiten. Für Sie zählt, dass Sie in Ihrer Arbeit einen Sinn sehen, hinter dem Sie stehen können.

Ich hasse meine Arbeit	0 1 2 3 4 5	Ich liebe meine Arbeit und stehe zu ihr

Wie Sie diesen Fragebogen auswerten, dürfte klar sein: Es springt ins Auge, woran es fehlt.

Wenn Sie Ihre Punktzahl interpretieren wollen, so bedeuten:

25 Punkte Sie sind hyperaktiv!

20 Punkte Sie sind wahrscheinlich wirklich glücklich

15 Punkte Sie kommen gut zurecht

10 Punkte Sie vernachlässigen Ihr Leben ein wenig

5 Punkte Sie atmen zwar noch, aber Sie sind nicht wirklich lebendig. Sie müssen unverwüstlich sein, um immer noch am Leben zu sein. Verwenden Sie einen Teil Ihrer Kraft darauf, ein bisschen Freude in Ihr Dasein zu bringen. Es ist höchste Zeit für ein paar Veränderungen!

Leider sehen wir uns außerstande, in einem einzigen Buch all diese Lebensaspekte abzuhandeln. Deshalb wollen wir uns nun auf die beiden erstgenannten beschränken. Und da Ehe/Partnerschaft und Elternrolle die Lebenssituation von ungefähr 80 Prozent der Menschen kennzeichnen, tun wir es recht guten Gewissens.

Ein Leben in Würde

In vielen Kulturen ist die Familie der ganze Stolz eines Mannes oder einer Frau. Wir Angehörige der westlichen Zivilisation schätzen uns jedoch schon glücklich, wenn wir von einem Familienausflug ohne peinliche Zwischenfälle heimkehren. Elternstolz wird in unserer Kultur nicht gefördert.

J. WRIGHT

Vergegenwärtigen Sie sich kurz Ihre Empfindungen, wenn Ihre Kinder Sie an Ihrem Arbeitsplatz besuchen. Strahlen Sie vor Stolz oder wollen Sie sie lieber verstecken? In Nordamerika, Europa und Australien mit Kindern reisen bedeutet, insbesondere in öffentlichen Verkehrsmitteln, dass Sie sich ununterbrochen entschuldigen müssen. In Asien, Südeuropa, Afrika und Lateinamerika hingegen reagiert man auf Kinder spontan mit Freundlichkeit, Großzügigkeit und Komplimenten.

In der Vergangenheit wurde das Familienleben geehrt. Alte Kulturen, die vedische in Indien zum Beispiel, brachten hohe Achtung denjenigen entgegen, die lebenslange erotische und partnerschaftliche Beziehungen führten, die aufmerksam und liebevoll ihre Kinder erzogen, für einen einfachen Lebensunterhalt aufkamen und mit Geschick und Stil zu kochen und zu wohnen verstanden. »Hm«, mögen Sie brummen, »mich ehrt hier keiner!« Höchstwahrscheinlich sind Sie zu dem Schluß gelangt, eine Familie zu haben und sich darum zu kümmern sei etwas ziemlich Gewöhnliches. Schließlich tun Sie dasselbe wie die meisten Menschen. Diesem Irrtum erliegt man nur zu leicht: Was ist schon erhebend an gehetzten Mahlzeiten, voll gekleckerten Kleidern und chronischem Schlafmangel? Pausenlos, von der Windel bis zur Raveparty Ihrer Teenager, liegen Ihnen Stolpersteine im Weg. Aber gestatten Sie sich einmal folgende Überlegung: Wäre es schöner, reich, mächtig, einflussreich und berühmt zu sein als geliebt zu werden? Und sind Sie etwa nicht bereit, sich um das Geliebtwerden zu bemühen?

Das Familienleben kann in Plackerei ausarten, es kann aber auch der Schauplatz Ihrer Verwandlung in einen wunderbaren Menschen sein. Das hängt zum Teil von Ihrer Einstellung ab. Kindererziehung ist ein Beruf, die Ehe ist künstlerische Vollendung. Deshalb dauert es eine Weile, um zur Meisterschaft zu gelangen. Akzeptieren Sie, dass Sie wie alle anderen Menschen auf der Welt ein Anfänger sind!

Sparen Sie sich Selbstfindungs-Workshops, Wochenendseminare zur Persönlichkeitsentwicklung und andere Kurse. Die Elternrolle wird Ihr Durchsetzungsvermögen schulen. Sie bietet Entspannungstraining (in Gestalt totaler Übermüdungserscheinungen) wie Aerobicstunden. Von Kinderseelenarbeit über Zeitmanagement bis hin zur Stärkung der Kommunikationsfähigkeit – auf dem 20-jährigen Kindererziehungs-Marathon steht wirklich jede Form von persönlicher Weiterentwicklung auf dem Programm.

Wurzel und Blüte

Zunächst hat das Leben selbst ein sozusagen natürliches Vorfahrtsrecht, das niemand missachten kann. Kümmern Sie sich als Erstes um die Grundbedürfnisse: Essen, Schlafen, Bewegung, Zeit zum Nachdenken und Liebe zu denen, die Ihnen nahe stehen. Wenn Sie diese nicht ausreichend stillen, wird Ihnen bei allem, was Sie tun, der sichere Halt fehlen. Und wenn Sie lange genug auf der Schiene weiterfahren, dann wird's buchstäblich krankhaft:

Wir nahmen einmal an der Vorstandssitzung eines Jugendheims teil. Der neue Angestellte empfing uns eilfertig schon auf dem Parkplatz. Der Tag sei so hart gewesen, erzählte er, dass er noch nicht einmal Zeit gefunden hätte, zur Toilette zu gehen. Während der Sitzung verhielt er sich zunehmend defensiv und aufgeregt. Noch am selben Abend wurde er wegen eines psychotischen Anfalls in ein Krankenhaus eingeliefert. Zum Glück konnte er sich erholen – und Steve sich nicht des Gedankens erwehren, dass der Mann besser auf die Toilette hätte gehen sollen.

Alle reden über die Balance von Beruf und Familie. Der Begriff Balance führt jedoch in die Irre. Das eine, die Familie, ist die Wurzel, das andere die Blüte. Wenn Sie die Wurzeln nicht nähren, wird es nicht viele Blüten geben.

Als wir 1985 an diesem Buch zu arbeiten begannen, war unser Sohn noch ein Baby. Er schrie häufig, weil er Körperkontakt und Zuwendung wollte. Er ging vor, und daher brauchten wir Ewigkeiten, um das Projekt zu vollenden. Doch wir vermuten, dass genau dies dem Buch gut bekommen ist.

So! Sie haben sich also für den Weg, der Familie heißt, entschieden. Womöglich wussten Sie nicht, dass er der Weg zu menschlicher Vollendung ist. Vielleicht hielten Sie ihn schlichtweg für gewöhnlich. Jetzt aber erkennen Sie, dass Sie den höchsten und majestätischsten Gipfel erklimmen, den es gibt. Da lohnt es sich, den Kampf um die Kindheit und den Kampf um die Ehe auszutragen, aber auch innezuhalten, um die Aussicht zu genießen und sich die angenehmen Seiten etwas zu verdeutlichen.

In den folgenden Kapiteln erfahren Sie, wie die Liebe funktioniert, in Paarbeziehungen und mit Kindern. Angeordnet entsprechend den natürlichen Entwicklungsschritten einer Familie, wollen die Kapitel 2 bis 4 verstehen helfen:

✗ die Anziehung im frühen Stadium
(Kapitel 2),

✗ weshalb wir einen Menschen allen anderen vorziehen
(Kapitel 3),

✗ was Hingabe bedeutet und wie man mit ihr umgeht
(Kapitel 4).

Dann wenden wir uns Themen der Vertiefung von Beziehungen zu:

✗ der Art von Paarbeziehung, die Sie eingehen
(Kapitel 5),

✗ der Frage, wie man Konflikte löst, ohne sich selbst
aufzugeben (Kapitel 6),

✗ der Bedeutung von Auseinandersetzungen und ihrem
Beitrag zu einer neuen Ehrlichkeit (Kapitel 7),

✗ den neuen Selbsterfahrungen, die Kinder Ihnen
bescheren (Kapitel 8),

✗ der Liaison von Sex und Romantik und dem Nähren des
befreienden Feuers (Kapitel 9).

Das Kapitel über Sex und Romantik haben wir bewusst dem über Kinder nachgestellt. Denn Sex und Romantik bilden in der Phase des Verliebtseins zwar oft ein Paar, aber in einem Haus voller Kinder verlangen sie spezielle Kultivierung!

Und zu guter Letzt seien Ihnen auf den Weg gegeben:

✗ weiterführende Lektionen – wie alle Erlebnisse, sogar die
unglücklichen, Ihnen die Augen für ein intensiveres,
erfüllteres Leben öffnen können (Kapitel 10).

Kompatibilität: Wie wir zueinander finden

Sie:	Ob's um die Kinder geht, das Geld, den Job, den Wohnort oder Unternehmungen – wir sind uns nie einig.
Er:	Das stimmt nicht!
Sie:	Sehen Sie!
Wir (lachend):	Ja, wie haben Sie sich dann gefunden?
Er (lehnt sich zurück und lächelt):	Nun ja ..., das ist eine andere Geschichte.
Wir:	Erzählen Sie ...

Drei Arten von Anziehung: Sympathie, Liebe und Lust

Jede Familiengründung beginnt damit, dass »er und sie« sich finden. Es ist die Anziehungskraft der Gegensätze, die die Initialzündung hervorruft und das Rad des Lebens in Gang setzt. Aber Anziehung ist ein komplexer Vorgang. Er vollzieht sich auf vielen Ebenen. Und diese zu verstehen, ist unerlässlich für ein glückliches Liebesleben.

Nicht alle Paare finden auf die gleiche Weise zueinander. Manche Paare begegnen sich auf geistiger Ebene. Sie finden die Ansichten des anderen originell, interessant oder anregend. Andere treffen sich spontan auf der Herzensebene; zärtliche und liebevolle Empfindungen stellen sich bei ihnen leicht ein. Und dann gibt es natürlich noch die sexuelle Anziehung, dieses aufregende Prickeln, das reine Lust ist. Zu allem Überfluss decken Ihre Gefühle sich nicht zwangsläufig mit denen Ihres »Objekts«. Sie können zum Beispiel jemanden lustvoll begehren, dem Sie lediglich sympathisch sind, oder Liebe empfinden für eine Person, in der Sie nur Lustgefühle wecken, und so weiter. Das ist schlüpfriges Terrain, besonders wenn man jung und unerfahren ist (oder in dieser Hinsicht alt und dumm!). Der verschiedenen Anziehungsebenen sollte man sich vor allem zu Beginn der Partnersuche und -wahl bewusst sein. Auch und insbesondere Teenager sollten diese drei Ebenen des Verlangens unterscheiden können und sich nicht schwarz für weiß vormachen. Sich selbst gut genug kennen, um Liebe von Lust und Sympathie von Liebe unterscheiden zu können, das ist die wirkliche Aufgabe sexueller Aufklärung und kann viele Probleme vermeiden helfen.

Es ist nicht einfach, jung zu sein, und manches lernt man nur durch Erfahrung. Erinnern Sie sich daran, welche Überwindung es Sie kostete, dem Mädchen (oder Jungen) Ihrer Träume endlich Ihre Liebe zu gestehen? Seine/ihre Freundlichkeit hatte Ihnen allen Anlass zur Hoffnung gegeben, und so hüpften Sie schließlich ins kalte Wasser und schütteten Ihr Herz aus. Zu Ihrem Entsetzen machte sie/er ein erschrockenes Gesicht, und dann folgten die verhängnisvollen Worte: »Ähm ja ... nein ... Ich find dich ja echt nett, aber ...« Zum Glück ist die Hoffnung ein unversiegbarer Quell, sonst würden wir alle in Klöstern leben.

Welche Art von Anziehung auch immer anfänglich den Aus-
schlag gibt, eine lebendige Paarbeziehung wird über kurz oder
lang alle drei beinhalten. Wenn Sympathie und Liebe und Lust
harmonisch zusammenklingen, dann ist die Wirkung unvergesslich. In den ersten Jahren geschieht dies eher zufällig, und deshalb
werden Sie zuweilen wie vom Donner gerührt sein und sich fragen, was Sie nun eigentlich richtig gemacht haben. Mit zunehmendem Alter werden Sie immer öfter Ihre eigene Märchenfee
spielen können. Sie werden es immer besser verstehen, eine tief
gehende Kommunikation herzustellen und aufrechtzuerhalten.
Und damit wird Liebe sich für Sie vom glücklichen Zufall in eine
Errungenschaft verwandeln, in ein Reservoir gemeinsamer Erfahrungen und Kenntnisse, aus dem Sie jederzeit schöpfen können.

Lassen Sie uns nun erkunden, wie diese drei Anziehungskräfte
funktionieren – und was zu tun ist, wenn ihre Wirkung nachlässt.
Selbst wenn Sie schon fünfzig Jahre verheiratet sind, werden Sie
diesen Teil des Buches mit Vergnügen lesen, sich erinnern und
bewusst machen, welche Strecke Sie bereits zurückgelegt haben.
Und wenn Sie ein Fünkchen jünger sind, dann helfen die folgenden Seiten Ihnen vielleicht sogar, Ihr Liebesleben kräftig auf
Vordermann bzw. Vorderfrau zu bringen.

Wenn zwei Geister sich treffen: Sympathie

Sympathie ist die sicherste und einfachste Art menschlicher Anziehung. Man kann viele Menschen jeder Art, jeden Alters und jeden Geschlechts sympathisch finden. Sie können sogar Menschen
mögen, die Sie im Grunde verurteilen oder denen Sie um keinen
Preis einen Gebrauchtwagen abkaufen würden! Häufig werden Sie
einige Seiten einer Person mögen und andere nicht. (Wenn Ihnen
alles gefällt, dann warten Sie's nur ab: Sie werden Züge entdecken,
die Ihnen nicht behagen, darauf können Sie Gift nehmen.)

Eventuell bitten Sie Freunde oder Geliebte, wenn Sie sie näher
kennen, die eine oder andere Verhaltensweise zu ändern. Bezie-

hungen erfordern ständig, dass wir unser Verhalten korrigieren. Sich ändern ist nicht unbedingt eine große Affäre. Wenn Sie bei der Rückenmassage kräftig zupacken (weil Sie's gern so haben), Ihr Partner aber sanfter behandelt werden will, werden Sie seinem Wunsch bereitwillig nachkommen. Änderungen stehen auch an, wenn Sie mit Ihrem Partner zusammenziehen und Sie zum Beispiel die Küche nach jeder Mahlzeit makellos aufräumen wollen, während Ihr Partner lieber Geschirrberge für das wöchentliche Großreinemachen stapelt. Manche stellen in ihrem Eifer extreme Forderungen an die Partner, etwa mit dem Rauchen oder Trinken aufzuhören oder eine kriminelle Laufbahn zu beenden. Ob der Partner sich ändert oder nicht, wir alle wollen uns größere Scheiben von den sympathischen als von den unsympathischen Seiten abschneiden.

Sympathie hat einen Fallstrick, auf den wir besonders dann aufpassen sollten, wenn wir uns auf eine Paarbeziehung einlassen wollen: Wir neigen dazu, Menschen zu mögen, nur weil sie uns mögen. Das tun wir vor allem dann, wenn wir unerfahren oder –

J.WRIGHT

seien wir ehrlich! – ein wenig verzweifelt sind. Die uns entgegengebrachte Sympathie kann in der Tat sogar der einzige Grund für unser Interesse an jemandem sein. Sobald jedoch – und das ist nicht unwahrscheinlich – dieser Jemand in der Bewunderung unserer ach so großartigen Qualitäten nachlässt, dann stellen wir mit ebensolcher Wahrscheinlichkeit fest, dass wir ihn im Grunde nicht mögen.

Während der Kennenlernphase kann man für gewöhnlich gar nicht genug miteinander reden und verbringt Stunden am Telefon, oft bis tief in die Nacht. Was wie bloßes Geplänkel erscheinen mag, hat die unterschiedlichsten hintergründigen Bedeutungen: »Mag sie mich?«, »Will er mich näher kennen lernen?«, »Weshalb hat sie jetzt gegähnt?« Es ist eine herrliche Zeit der Ungewissheit, an die man sich ein Leben lang erinnern wird und in der das gesprochene Wort eine unvergleichliche Bedeutsamkeit gewinnt.

Witze, schlagfertige Antworten, Fragen und Aussagen über unsere Lebensideale, Vorlieben und Aversionen sind natürliche Bestandteile des gegenseitigen Abtastens. Wir führen ein »Bewerbungsgespräch« um die Stelle des/der lebenslangen Geliebten. Dabei gilt es herauszufinden, was sich unter der so fabelhaften Oberfläche verbirgt: ein furchtbarer Psychopath, ein hoffnungslos verschrobener Sonderling – oder genau der/die Richtige!

Wonach suchen?

Was Menschen an anderen schätzen, ist zunächst ziemlich allgemein und allgemeingültig. Sind sie freundlich, zu mir und zu anderen? Wie behandeln sie ihre Mutter? Sind sie humorvoll? Wobei humorvoll nicht meint, dass jemand ständig Witze reißt, sondern dem Leben inklusive aller Schwierigkeiten heitere Seiten abgewinnen kann. (Warum wird in Kontaktanzeigen außer auf »romantische Spaziergänge«, »Abendessen bei Kerzenlicht« etc. solcher Wert auf »Sinn für Humor« gelegt? Welchen Reim soll man sich darauf machen? Vielleicht: »Mach dir nichts draus, wenn ich mich besinnungslos besaufe oder beim Zocken die Familienkutsche verliere.« Was sechs Monate später los ist, kann man sich lebhaft vorstellen: »Ja, ich hab das Haus in Brand gesteckt, na und? Wo bleibt dein Sinn für Humor?« Und da wir schon mal bei diesem Thema sind: Warum stößt man in Kontaktanzeigen nie auf Qualitäten wie »gut im Geschirrspülen« oder »versiert im Umgang mit schreienden Babys«? Und wie steht's mit dem Zusatz »Kinder kein Problem«? Wem will man das weismachen? Aber jetzt kommen wir auf Abwege ...) Ist er/sie ein realistischer, überlegter, praktisch veranlagter Mensch? Das sind positive, sympathische Eigenschaften, und sie sind für eine Partnerschaft von großem Wert. Vertritt er/sie Meinungen und Wertvorstellungen, die Sie bewundern können, zum Beispiel in Bezug auf Fragen des Glaubens, des Uranabbaus, der Rechte von Minderheiten ...? Und geht ihr/sein Engagement über leere Worte hinaus?

Es gibt natürlich auch andere, wenngleich nicht unbedingt so tief gehende Dinge, die uns ansprechen. Viele Menschen gehen Paarbeziehungen mit oder Trauschein ein, weil ihnen das Haar, die kecken Grübchen, die vollen Brüste oder die CD-Sammlung ihrer Partner gefällt. Viel Glück dabei!

Vorsicht ist in jedem Fall geboten. Unsere Hormone können sich im Frühstadium der Liebe als unser größter Feind erweisen. Von der Mitte der Teenagerjahre an geht der natürliche Liebes- und Fortpflanzungstrieb an sein Werk. Deshalb sollten die Bremsen öfter mal im Einsatz sein. Die beste Wahl trifft man, wenn man nicht in Eile ist. Sie tun daher in jedem Alter gut daran, wenn Sie Ihr Bedürfnis, Zuneigung zu empfangen und auszuteilen, durch unterschiedlichste Freundschaften befriedigen, ehe Sie sich im Gewirr einer Paarbeziehung verstricken. Einsamkeit beeinträchtigt Ihr Urteilsvermögen, das dürfen Sie uns glauben.

Die Verbindung aus dem Herzen: Liebe

Sympathie macht in der Regel den Anfang, aber die Liebe kann ihr recht bald folgen. Dass Liebe eine andere und stärkere Empfindung ist, das weiß jeder Mensch, der älter ist als zehn Jahre. Liebe ist jenes »besondere« Gefühl, das in limitierter Sonderausgabe erscheint und exklusiv einem Abnehmer vorbehalten ist.

Liebe erfordert ein gewisses Maß an Offenheit und Vertrauen, folglich auch die Bereitschaft, verletzbar zu sein. Studieren Sie diesen Dialog zwischen einer Frau und einem Mann. Die beiden stehen in ihren Dreißigern und am Anfang einer Paarbeziehung. Zaghaft versuchen sie, ein bisschen mehr Offenheit zu riskieren.

Sie: Ich habe dich vermisst. Du hast die ganze Woche nicht angerufen.

Er: Ich wollte dich ja anrufen. Aber beim letzten Mal hatte ich das Gefühl, du willst mich nicht sehen.

Sie: Ich dachte, du wüsstest, was ich für dich empfinde.

Er: Na ja ..., du kannst manchmal so kritisch und kalt sein.

Sie: Ich lasse mich nun mal nicht gern kontrollieren.

Er: Ich will dich nicht kontrollieren!

Sie: Ja, ich weiß. Es liegt wohl daran, dass ich Angst habe, einem Mann wieder so nahe zu kommen. Ich scheine bei der Wahl kein gutes Händchen zu haben.

Er: Danke für die Blumen!

Sie: Ach, du weißt doch, wie ich das meine.

Beachten Sie, wie leicht es zu Missverständnissen und Verletzungen kommt. Nur Ehrlichkeit – Geständnisse wie »Ich wollte dich ja anrufen« und »Ich dachte, du wüsstest, was ich für dich empfinde« – gibt der Liebe Wachstumschancen.

Liebe ist vielschichtig, hat sie doch den Ballast und die Hoffnungen früherer Erfahrungen, inklusive der Kindheit, im

Schlepptau. Bei Männern kann dieses Gepäck die Gefühle für die Mutter einschließen, für eine Mutter, die für den Sohn da war bzw. nicht. Bei Frauen mögen Erinnerungen an liebevolle, gemeine, einfühlsame oder abwesende Väter zum Tragen kommen. Womöglich fühlen Sie sich stark von einem Schuft angezogen, weil Sie als Kind von Schuften geliebt wurden. (Dazu später mehr, wir wollen an dieser Stelle positiv bleiben.)

Wie stark das Gefühl der Liebe ist, sagt nicht unbedingt etwas über seine Tiefe aus. Man kann sich leidenschaftlich in die Vorstellung von jemandem verlieben, der in Wirklichkeit ein vollkommen anderer Mensch ist. Das ist eine heikle Angelegenheit.

Liebe kann man in Worten ausdrücken, aber sie besteht nicht aus Worten. Das Herz schmerzt, es singt, es hüpft. Aber es redet nicht. Zu lieben versetzt manche Menschen in Schrecken. Denn es zupft an einer Saite, mit der sie nicht vertraut sind: dem Bereich des Gefühls. Doch keine Angst, Gefühle sind einfach zu verstehen!

Vermag ein Paar seine Gefühle zunehmend ehrlich auszudrücken, wird es ihm gelingen, die Hindernisse, die größerer Nähe im Weg stehen, zu erkennen und Zug um Zug auszuräumen. Die Liebe wächst proportional zu dem Maß, in dem Sie sich zu Ihrer Verletzlichkeit und Ihren Gefühlen bekennen. Im Verlauf dieses Prozesses tritt Ihr wahres Ich immer offener zutage, was – Sie werden's kaum glauben – der Liebe keinen Abbruch tut. Allmählich stellt sich das Gefühl ein, alles sagen, alles diskutieren und ganz Sie selbst sein zu dürfen. Es ist ein großartiges Gefühl (auch wenn immer wieder aus der Tiefe etwas Neuartiges, Dunkles und Nebulöses auftaucht und Sie diesen Prozeß erneut durchmachen lässt).

Die gute Botschaft besteht darin, dass es Jahrzehnte dauern kann, bis die Liebe zweier Menschen ihren Höhepunkt erreicht. Es steht Ihnen somit noch einiges bevor, auf das Sie sich freuen dürfen!

Das Feuer in der Tiefe: Lust

Die Anziehung, die Mann und Frau eine Paarbeziehung einge-
hen lässt, erwächst demnach aus dem Kopf und aus dem Herzen.
Aber es gibt noch eine dritte, tiefer gelegene Ebene. Also ab in den
Keller ...

Sexuelle Anziehung ist eine Kraft, die uns ein Leben lang an-
treibt. Je nachdem, wie bewusst und geschickt wir mit ihr umgehen können, verleiht sie einer Beziehung entweder Reiz und
Energie oder treibt zwischen die Partner ständig einen Keil. Sex
wird oft als das »Tierische« im Menschen verunglimpft, als Re-
likt aus der Steinzeit, das unsere Ratio durcheinander bringt.
Tatsächlich aber sind die Menschen hingebungsvoller und aus-
dauernder sexuell aktiv als jede Spezies der Tierwelt. (Vielleicht mit Ausnahme der Zwergschimpansen, die uns, gelinde
gesagt, total verklemmt erscheinen lassen. Aber dies ist ein Ratgeber für die gesamte Familie, deshalb gehen wir lieber nicht
ins Detail ...)

Beim Menschen hat der Geschlechtstrieb seinen ursprüng-
lichen Zweck, die Fortpflanzung, in den Hintergrund gerückt.
Statt dessen spielt Sex die nicht minder bedeutende Rolle als so-
ziales Bindeglied. Obwohl er sich oftmals spaltend auf unser so-
ziales Gefüge auswirkt, ist er nichtsdestotrotz die Kraft, die Familien und somit auch größere Gemeinschaften zusammenhält.
Verantwortung und Verpflichtung sind evolutionsgeschichtlich
relativ junge Vorstellungen, die zudem schnell verschleißen. Die
Natur setzt weit stärkere Mittel ein, um uns bei der Stange zu halten. Sie hat uns so angelegt, dass wir uns nicht auf abstrakte Ideen
von Loyalität und Liebe verlassen, sondern fähig sind zu tiefer
Hingabe, die uns langfristig mehr Freude und Anerkennung einbringt als jede andere Erfahrung. Daher bilden beim Menschen
Sexualität, Liebe, Kommunikation und dauerhafte Bindungen
ein komplexes Geflecht. Der Liebesakt schließt das Gehirn mit
ein, weshalb Sex eine solch wichtige, besondere und schwierige
Rolle spielt.

Sex und Bindung

Lassen Sie uns das Thema sexuelle Bindung etwas genauer betrachten. Unsere Sexualität ist bei weitem nicht auf den animalischen Fortpflanzungstrieb reduziert. Sie steht vielmehr in einem direkten Bezug zu unseren Gefühlen und Gedanken, und sie versteht es auf eine unnachahmliche Weise, zwischenmenschliche Beziehungen zu knüpfen, die weit über bloße sinnliche Lust hinausgehen können. So füllt sie zwischen zwei Menschen ein immer größeres Reservoir von Gefühlen des Wohlbefindens und Loslassenkönnens, der Sicherheit und Offenheit auf.

Lebenslange Paarbeziehungen sind in der Tierwelt nicht ungewöhnlich (ebenso Promiskuität, aber bei wenigen Arten findet sich die Kombination von beidem). Die einzigartige Qualität der menschlichen Sexualität – der intensive weibliche Orgasmus und das Fehlen der klar markierten, bei den meisten anderen säugenden Lebewesen üblichen Brunftzeit – bedingt, daß Sex ständig eine Rolle in unserem Sozialleben spielt. Im Kontext der Evolution dienten Paarbeziehungen dazu, das Gefüge von Familie und Stammesgruppe sicherer und zuverlässiger zu gestalten. Väter konnten die Wohnstatt zur Jagd verlassen und Kinder in relativer Sicherheit aufgezogen werden. Denn das sexuelle Band zwischen den Eltern gewährleistete, dass beide die Gesellschaft des Partners der jedes fremden Menschen vorziehen würden.

Und damit ist Sex mit einem Risiko verbunden. Einfach ausgedrückt, besteht dieses Risiko darin, dass man sich in die Person, mit der man sexuell verkehrt, sehr wahrscheinlich verlieben wird. Deshalb ist es nur angebracht, sich nicht mit jemandem einzulassen, bei dem Kopf und Herz starke Vorbehalte anmelden. Aus diesem Grund halten alle Kulturen ein sorgsames Auge auf die jugendliche Sexualität. Und deshalb gibt die moderne Jugend entgegen dem weit verbreiteten Vorurteil der älteren Generation keineswegs leichtfertig ihre Unschuld auf. Bei einer jüngsten Untersuchung gaben überraschende 25 Prozent der unter 21jährigen an, noch unberührt zu sein. Man kann die jungen Leute nur bewundern. Denn trotz der starken sexuellen Reize schaffen es die meisten, auf eine Beziehung zu warten, in der eine gewisse Nähe und Verletzlichkeit möglich sind. Wer einmal danebengreift, wird in der Regel schnell klüger und beim nächsten Versuch wählerischer.

Wenn das »Feuer in der Tiefe«, der hoch fliegende Funke des Geistes und die emotionale Glut im Zentrum, dem Herzen, einander anstecken, dann werden auf allen drei Ebenen ungeahnte Energien und ein großer Glanz entfacht. Es lohnt sich, darauf zu warten.

J.WRIGHT

Kompatibilitätsprobleme

Weshalb Männer und Frauen manchmal nicht zusammenfinden

Die Bioenergetik-Therapeutin Julie Henderson, die uns mit diesen Anziehungsebenen bekannt gemacht hat, vertritt die Ansicht, dass Männer früher traditionell »verschlossene« (gepanzerte, unempfängliche) Herzen und »offene« (aktive, energiegeladene) Geschlechtsorgane hatten, Frauen hingegen »verschlossene« Geschlechtsorgane und »offene« Herzen.

So vermochten heftige, ungezügelte Gefühle, wie sie zum Beispiel aufkommen, wenn man sich verliebt, eine Geburt miterlebt oder von einem Menschen endgültig Abschied nimmt, Männer der strammeren älteren Generation leicht zu verunsichern. Solchen Männern fehlte kurz gesagt die Weichheit eines »offenen« Herzens.

Ältere Frauen wiederum sahen liebevolle Gefühle meist als selbstverständlich an. Auf die leidenschaftliche Intensität und Befriedigung jedoch, die sie bei ihrer ersten wirklich positiven sexuellen Erfahrung erlebten, reagierten sie oft mit ungläubigem Staunen und Entzücken. Diese Frauen mussten sozusagen die Kraft erwerben, die aus dem »Vollbesitz des Unterleibs« erwächst. Eine Kraft, die übrigens sowohl im altehrwürdigen Yoga als auch in der modernen Bioenergetik als die Quelle der Selbstsicherheit und Willenskraft gilt.

Dass schließlich die Männer gefühlvoller und die Frauen selbstbewusster geworden sind, ermöglichte ein gesundes, starkes Miteinander der Geschlechter. Die zweite Hälfte des 20. Jahrhunderts zeitigte nicht wenige bewundernswerte Ehen. Dass es einzelnen Paaren dank ihrer Charakterstärke immer schon – zu biblischen, zu Shakespeares und allen anderen Zeiten – gelungen ist, gleichberechtigte Beziehungen zu führen, steht außer Frage. Der Unterschied zur Vergangenheit bestand darin, dass durch die

Kultur unseres Jahrhunderts Gleichberechtigung allmählich als allgemein verbindliches Prinzip gefördert wurde.

Das versprach großartige Aussichten. Doch ach, das Pendel schlug immer weiter aus.

Vom Problem mit den »neuen Frauen« und den »neuen Männern«

Die Kultur der vergangenen zwanzig Jahre hat viele »toughe« Frauen und noch mehr »softe« Männer hervorgebracht. Das hat neuartige Probleme geschaffen, die sich von früheren, zum Beispiel denen der Sechzigerjahre, unterscheiden.

Jahrelang haben Frauen über die Aufdringlichkeit der Männer geklagt, über ihr dominantes Gehabe, ihre Gefühllosigkeit und so weiter. Sie taten's mit Recht. In jüngsten Jahren jedoch hört man vielfach eine andere Klage – über Männer, die das weibliche Bedürfnis nach Rücksichtnahme und Unterstützung dermaßen verinnerlicht haben, dass sie sich vor der Wollust und genießerischen Bestimmtheit, die zu lebendigem Sex gehören, scheuen.

Immer wieder erzählen uns junge Frauen frustriert, wie weichlich ihre Männer im Bett und andernorts seien. Dabei meinten Frauen eine Zeit lang, ein weicher Mann sei genau der Typ, den sie wollten. Jetzt wissen sie's besser: Weich im Sinne von empfindsam, ja! Aber weichlich, sprich unsicher und kindisch? Nein danke!

Man kann lustvoll Erfüllung suchen und trotzdem rücksichtsvoll und aufmerksam sein. Man kann auch kraftvoll Lust spenden und empfangen. Es ist eine Frage der Kommunikation und des Vertrauens. Man muss den anderen, ohne ihn zu kränken, wissen lassen, was einem gefällt und was nicht. Das zu erreichen braucht Zeit, manchmal Jahrzehnte. Wenn die Voraussetzungen stimmen, macht ungezügelte Leidenschaft den meisten Frauen und Männern extrem viel Spaß.

Praktischer Schritt 3: Kann man zu früh Sex haben?

Wann darf man mit seiner neuen Liebe ins Bett hüpfen? In den vergangenen vierzig Jahren haben sich die Auffassungen zu dieser Frage gründlich geändert. War früher jahrelanges Warten durchaus üblich, so ist heute unter den älteren Singles Sex beim ersten Date keine Seltenheit.

In ihrem exzellenten Buch »Pubertätskrisen junger Mädchen und Wie Eltern helfen können« (Frankfurt/M. 1996) weist Mary Pipher darauf hin, daß Mädchen schon gegen Mitte der Teenagerjahre meinen, sexuell aktiv werden zu müssen, und dass die sexuelle Revolution sich in einen neuen Zwang verkehrt hat. Unter vier Augen gestehen auch Jungen, dass sie sich eigentlich mehr Romantik und Nähe wünschen und das Gefühl haben, einem sexuellen Anspruch genügen zu müssen. Dies bedeutet nicht, dass Jugendliche, Mädchen wie Jungen, keine starken sexuellen Motive haben. Vielmehr wird ihr Sinn für das richtige Timing und eine romantische Liebe dadurch beeinträchtigt, dass sie glauben, Erwartungen erfüllen zu müssen. Es ist alles andere als selten, dass Teenager Sex haben, nur weil sie denken, der Partner erwarte es von ihnen.

Möglicherweise verhindert zu früher Sex Nähe, anstatt sie zu fördern. Viele Singles, so haben wir in der therapeutischen Praxis festgestellt, tappen in diese Falle, die den Aufbau einer guten und starken Beziehung vereitelt. Bei schnellen Nummern, neudeutsch One-night-stands, ist man innerlich in der Reserve und am »Morgen danach« nur noch verlegen. Wenn man körperlich intim ist, aber geistig distanziert, legt man zwangsläufig dickere Panzer an – eine sehr schizophrene Situation. Ähnlich wie bei Menschen, die jedem bei erstbester Gelegenheit ihre Lebensgeschichte aufdrängen, kommt kein Gefühl von Besonderheit oder Verwundbarkeit auf. Etwas Besonderes ist die Angelegenheit auch deswegen nicht, weil sich keine intensive Spannung hat aufbauen können und das sexuelle Erlebnis entsprechend mittelmäßig ausfällt. Wie Carl Whitaker es ausgedrückt hat, verabreden sich ein Penis und eine Vagina zum Rendezvous.

Ein wirklich gutes sexuelles Verhältnis setzt ein gewisses Quantum an Spannung und vorsichtigem Sondieren, an Vorpreschen und Zögern voraus und sogar eine Prise altmodisches Werben. Sich der Lust hingeben, kann die Sinne verwirren und den Unterschied zwischen echter Sympathie und echter Liebe verwischen (was Robin Williams den Unterschied zwischen »Fräulein Richtig« und »Fräulein Geraderichtig« nannte). Zuneigung entsteht durch gute und schlechte Erfahrungen. Zu erleben, wie Ihr Partner reagiert, wenn das Auto den Geist aufgibt, wenn Sie krank sind, pleite, unter Druck – all dies stellt Ihre Gefühle der Sympathie und Liebe auf die Probe. Hundert leidenschaftliche Nächte aber werden, so schön sie auch sein mögen, diese Dinge niemals auf die Probe stellen können.

Auf Lust basierende Liebesbeziehungen erschöpfen sich im wahren Leben schnell, wenn die beiden anderen Elemente fehlen. Je vollkommener dagegen die Synthese von Liebe, Sympathie und Lust ist, in desto stärkerem Maße lässt man sich emotional auf eine wahrhaftig lebensfähige, weil sich stets erneuernde, Sexualität ein.

Nach dem freien Liebeskodex der sechziger Jahre war Sex mit jedem, der einem entsprechende Avancen machte und gefiel, in Ordnung, solange alles »ehrlich« ablief. Dies mag ein wichtiger und notwendiger Schritt beim Umsturz der alten, von starren Geschlechterrollen, Militarismus, Konformität und unerschüt-

terlichem Vertrauen in Regierung und Wirtschaft gezeichneten Gesellschaftsordnung gewesen sein. Auf jeden Fall hat die sexuelle Revolution ungemein rasch Veränderungen bewirkt.

Doch schon bald zeigten sich die Kehrseiten. Theoretisch war unverbindlicher Sex okay. Umgehen aber konnten die wenigsten damit: Illegale Abtreibungen, gebrochene Herzen, gegen den Schmerz noch mehr Drogen und eine fatale Desillusionierung standen auf der negativen Seite der Bilanz.

Körper lassen sich nicht zerteilen. Ihr Herz, Ihr Geist und Ihre Sexualität sind ein ganzheitliches Gefüge. Mit jemandem Sex haben, den man nicht mag, dem man nicht vertraut oder den man nicht versteht, ist nur möglich bei einer abgrundtiefen inneren

Gespaltenheit, die alle natürlichen Energien und Emotionen ausschaltet. Man kann nicht von der Gürtellinie abwärts lieben und positive Bilanz ohne die Faktoren Herz und Kopf ziehen wollen. Das geht nur mit komplizierten innerlichen Verrenkungen.

Eine unserer Klientinnen trennte sich nach zwölf Jahren Ehe von ihrem Mann. Danach hatte sie eine Affäre nach der anderen, vielleicht um sich zu bestätigen, dass sie ein liebenswerter Mensch war, oder um die vermeintlich verpasste Jugend nachzuholen. Eines Tages erzählte sie uns von einer neuen Bekanntschaft. Dabei sagte sie stolz:»Ich will nicht so bald mit ihm schlafen. Ich glaube, das wird eine Beziehung, wie ich sie suche. Und deshalb will ich es diesmal richtig angehen.«

Sex und hopp:»Junk sex«

»Junk food« ist schnell und bequem zuzubereiten und sieht besser aus, als solches»Müllessen« nun einmal schmeckt. So wie gutes Essen Zeit und Aufmerksamkeit erfordert, so verlangt guter Sex, daß die Partner sich menschlich näher kommen.

»Junk sex« stillt wie schlechtes Fastfood unverzüglich den Hunger, führt aber langfristig zu Fehlernährung. Mit ihm begnügen sich übrigens nicht nur Singles. Viele langjährige Paare verzichten ebenfalls auf wertvolle Nährstoffe und geben sich mit Pizza als Beziehungskost zufrieden.

Aus Teilen ein Ganzes machen

Geprägt wurde der englische Ausdruck»making love«, weil er auf poetische Weise ein Ideal umschreibt, nach dem wir alle streben. Wenn Sie sich beim Sex wirklich gut fühlen, dann trifft»making love« genau das, was Sie tun:»sich lieben«.»Sich lieben«, das ist nicht dasselbe wie das deftige»Ficken« (wenngleich es unverblümte Heftigkeit und Natürlichkeit nicht ausschließt) oder das coole, geschlechtslos klingende»Es-miteinander-Tun« der postmodernen Generation. Es ist auch nichts Kindisches und Triviales, wie es im Ausdruck »pimpern« anklingt. Es ist etwas, beim dem sich Ihr Herz öffnet (weicher wird und kräftiger schlägt), bei dem sich Ihre Genitalien öffnen (feucht werden und anschwellen) und bei dem sich Ihr Geist öffnet (schärfer wird und funkelt), um den anderen auf jeder Ebene einzulassen. Das gelingt selten schnell und kann nie beiläufiger Natur sein.

Wenn Sie einmal in diesem Sinne »geliebt« haben, wird der rein körperliche Aspekt Sie nie mehr befriedigen. Teenager »verlieben sich«, aber Erwachsene »lieben sich«. Es ist eine Flamme, die ein geübter Mensch stets aufs Neue zu entzünden versteht. Im Alltag einer Beziehung flackert sie und wird schwächer, um wieder aufzulodern, wenn wir gelernt haben, mit ihr umzugehen. Unsere Mühe wird belohnt. So wie die Liebe uns anfänglich wie ein Segen oder glücklicher Zufall erscheint, so ist ihr Fortbestand eine Leistung.

Praktischer Schritt 4: Vergessen Sie Ihre Freunde nicht

Vor Freude, dass sie sich gefunden haben, begehen manche Paare einen schwer wiegenden Fehler: Sie vergessen ihre Freunde.

Freundschaften machen das Leben glücklicher und angenehmer. Dieser Aspekt ist in unserer Kultur, vor allem unter Männern, sträflich vernachlässigt worden. Für viele sind Freundschaften beiläufige Erscheinungen und Freunde Menschen, mit denen man sich die Zeit vertreibt, bis die »große Liebe« gefunden ist. Als nach dem Zweiten Weltkrieg die völlig autarke Kleinfamilie auf den Schild gehoben wurde, waren Freunde nur mehr dazu da, um mit ihnen bei der Grillparty zu plaudern, ab und an Karten zu spielen und ihnen Tupperware zu verkaufen.

Dann machten wir die bestürzende Entdeckung, daß Isolation weder für ein Paar noch für eine Familie gesund ist. Allein steht eine Familie so stabil da wie ein Zelt ohne Heringe. Die steil ansteigende Rate von Scheidungen und Alleinerziehenden führte zu der Einsicht, dass Freunde gleichsam eine Versicherung sind: Sie stehen uns bei, wenn eine Ehe scheitert oder kriselt. Keine Freunde zu haben, das kann sogar Trennungen verursachen, weil Beziehungen dadurch leicht überstrapaziert werden und über zu wenige Netzwerke verfügen, die in harten Zeiten, im Fall von Krankheit oder gar dem Tod eines Kindes, greifen.

Inzwischen wendet sich das Blatt. Man legt wieder mehr Wert auf Freunde, und Frauen wie Männer treffen sich wöchentlich in einem Lokal, um sich auszutauschen. Die zunehmende Zahl von Männergruppen und die wachsende Bereitschaft von Eltern kleiner Kinder, starke und enge Freundschaften mit Nachbarn zu schließen, bringen ein wenig »Dörflichkeit« in unser Leben zurück.

Freunde unterstützen Sie bei Ihrer persönlichen Weiterentwicklung – als Individuum, nicht als bloße Hälfte eines Paares. Alte Freunde können sich an Sie als Teenager erinnern, daran, was Sie geliebt, verloren, angestrebt und erreicht haben. Sie erinnern Sie an Ihr wirkliches, Ihr authentisches Ich. Das stärkt und beugt der Selbstaufgabe vor. Und davon profitiert auch Ihre Ehe.

Die Moral von der Geschicht' ist simpel: Geben Sie für eine Liebesbeziehung nicht Ihre Freunde auf. Und heiraten Sie niemanden, der dies als Preis für seine Liebe von Ihnen verlangt. Sie werden Ihre Freunde immer brauchen, in guten wie in schlechten Zeiten.

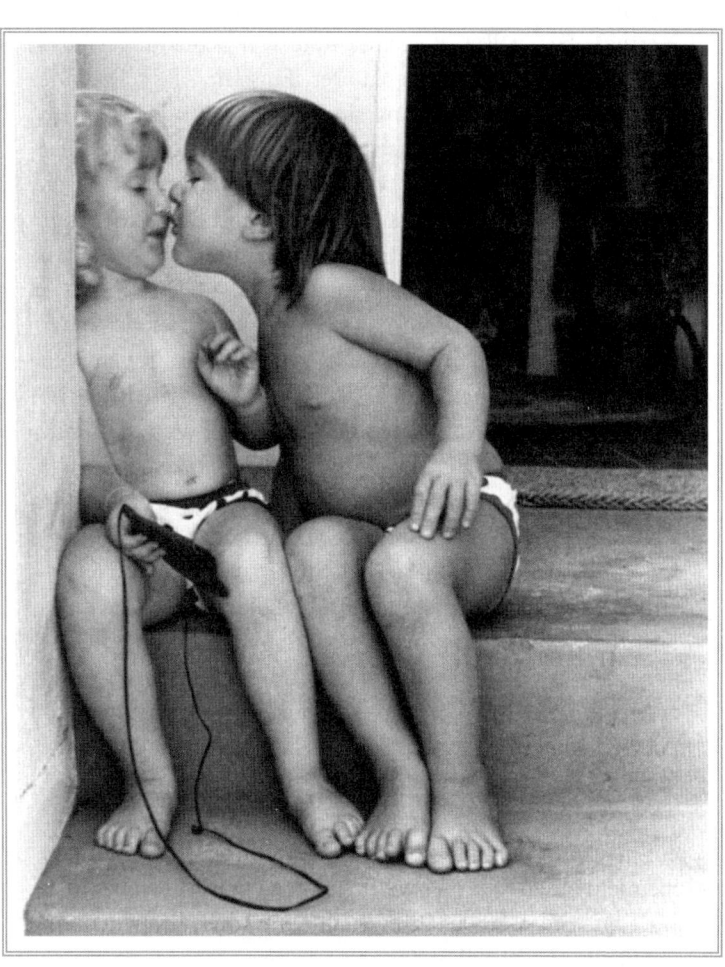

Warum unsere Wahl fällt, wie sie fällt

Im vorigen Kapitel haben wir uns mit den Anziehungskräften befasst, ohne indes die Frage zu beantworten: Warum wählen wir ausgerechnet diesen einen Menschen zum Partner? Was zieht uns zu einem Menschen hin, zum anderen nicht? Und warum erscheint es uns der Mühe wert, an diesem Menschen festzuhalten, statt das Bäumchen zu wechseln, wenn die Beziehung kompliziert wird?

Haben Sie Nachsicht: Sie heiraten Ihren Zwilling

Sie heiraten wen? Ihren Zwilling, jawohl! Diese gleichermaßen überraschende wie erhellende Theorie findet bei Forschern rund um den Globus zunehmend Anklang. Sie geht davon aus, dass Anziehung sich weitgehend unbewusst vollzieht: Wir wissen nicht, weshalb es uns zu einem Menschen hinzieht, aber wir spüren, dass dem so ist. Unser innerer Autopilot ist auf romantischen Liebeskurs eingestellt; er navigiert uns dorthin, wobei er sich gleichermaßen an versteckten wie offenkundigen Daten orientiert. Dieser Kurs führt unbeirrbar Menschen zu Paaren zusammen, die sich an der Oberfläche zwar unterscheiden, tief im Inneren aber einander ähnlich sind.

Vergleichen Sie sich einmal mit Ihrem Partner. Der Unterschiede werden Sie sich sehr bewusst sein, in der Regel aber nicht der Gemeinsamkeiten. Sie mögen sogar heftig abstreiten, Eigenschaften Ihres Partners, seien es nun Tugenden oder Laster, zu besitzen. Gleichwohl ist die Wahrscheinlichkeit groß, dass genau diese Seiten auch Ihnen zu eigen sind. Dem liegt eine raffinierte

Logik zugrunde. In der Tat sagt die Theorie voraus, dass man im eigenen Fall leugnet, was einem bei anderen Paaren deutlich ins Auge springt.

Lassen Sie uns diese »Zwillingschaft« genauer betrachten. Wir neigen stark dazu, unseren Partner als völlig von uns verschieden zu sehen. Paare witzeln gern über ihre Unterschiedlichkeit: »Geldangelegenheiten überlasse ich ihr«, »Er ist der Schlaue«, »Sie ist die Emotionale«, »Er ist so unbekümmert und impulsiv, dass ich ihn gar nicht aus den Augen lassen kann.« Wenn es um die Beziehung schlecht steht, werden diese Unterschiede noch vehementer unterstrichen. »Er ist einfach unmöglich!« Nichtsdestotrotz lautet die Regel: Gleich und gleich gesellt sich gern. Wenn wir Probleme mit unserem Partner haben, dann deshalb, weil wir sie mit uns selbst haben.

Wie sich das erklärt? Nun, in etwa folgendermaßen: Die in der Kindheit stattfindende Entwicklung unserer Persönlichkeit erweist sich leider nicht nur als positiv. Vielmehr werden dabei häufig bestimmte Fähigkeiten unterdrückt. Zum Beispiel können ein klarer Kopf, sichere Intuition, Konzentration, Spontaneität und Wärme Eigenschaften gewesen sein, die den Erwachsenen in unserem Umfeld als zu riskant erschienen oder sie überforderten. Kindererziehung in der heutigen Zeit bedeutet, viele unserer angeborenen Talente auszuschalten. Man qualifiziert unsere positiven Eigenschaften ab und meckert: »Du bist eine Nervensäge, fordernd, unkooperativ, schlecht gelaunt, übervorsichtig, eine Klette« und so weiter.

Wir gehen daraus als Erwachsene hervor, die bestimmte Aspekte ihres Vermögens zu fühlen, zu denken und zu handeln nicht ausleben. So waren Sie als vierjähriges Kind wahrscheinlich ein besserer Künstler, Sänger, Tänzer oder Schauspieler als im Alter von 24 Jahren. (Interessanterweise attestiert man jemandem, der weniger gebändigt ist als die Norm, sondern ausdrucksvoll und lebhaft, »viel Charakter«. Wir haben alle viel Charakter, mussten das aber zumeist verstecken und unterdrücken.)

Die Suche nach einem Partner beginnt für gewöhnlich in dem Alter, in dem wir am stärksten beeinträchtigt sind. Bei der Auswahl des/der »Richtigen« suchen wir – größtenteils unbewusst – nach Ausgleich bei jemandem, der auf den Gebieten, die wir »stillgelegt« haben, noch aktiv ist.

Lassen Sie uns dies einmal durchspielen! Denken Sie darüber nach, welche Eigenschaften Sie an einem Partner am meisten anziehen. Offenheit? Humor? Sanftheit? Moralische Standhaftigkeit, aufrichtige Emotionalität, Gesundheitsbewusstsein, Energie, Kreativität, Sinnlichkeit? Aller Wahrscheinlichkeit nach werden Sie von sich sagen, dass Ihre Stärken nicht auf diesen Gebieten liegen. Und genau deshalb fühlen Sie sich von Ihrem Partner angezogen.

Wenn wir unseren Traumpartner gefunden haben, dann berichten wir unseren Freunden: »Sie ist so voller Leben«, »Er ist fürsorglich und organisiert, ich fühle mich richtig gut bei ihm aufgehoben.« Als wäre dem Partner zu Eigen, was uns selbst fehlt! Ist man zum Beispiel eher zart besaitet und die Fähigkeit, selbst auf sich aufzupassen, tief verschüttet, so fühlt man sich von jemandem angezogen, der stark und beschützend wirkt. Das kann in einer Abhängigkeit enden, muss es aber nicht. Denn es ist möglich, dass ein solcher Partner uns darin unterstützt, unser Kräfte- und Selbstverteidigungspotenzial auszubauen und so eine eigenständigere Persönlichkeit zu werden.

Dies ist das reizende Geheimnis jedweder Art von Anziehung, und es trifft gleichermaßen auf die Helden, die wir verehren, wie auf unsere Freunde zu: Wir fühlen uns zu Menschen hingezogen, weil in ihnen Eigenschaften leben, die auch in uns schlummern. Wenn Sie einen Menschen sehr bewundern, dann weil Sie das Potenzial haben, wie er zu sein, und das erzeugt die Sehnsucht, die wir Bewunderung nennen. Würde dieses Potenzial nicht in Ihnen schlummern, dann würden die besagten Eigenschaften Sie nicht beeindrucken, ja, Sie würden sie nicht einmal wahrnehmen. (Ein alter Witz lautet: Wenn ein Taschendieb einen Heiligen trifft, dann bemerkt er nur seine Taschen.) Wenn Sie ein großartiges Gemälde bewundern, dann weil Sie tief im Innern ebenfalls die Fähigkeit besitzen, dieses Bild zu malen. Das könnte zwar hundert Jahre dauern, aber Sie würden merken, wann Sie so weit sind. Noch Zweifel? Hier ein Beispiel aus dem echten Leben:

> Martin und Helene, beide Anfang Fünfzig, sind so verschieden, wie man es sich nur vorstellen kann. Er ist Lastwagenfahrer und Gewerkschaftsaktivist, sie Kinderkrankenschwester. Er wirkt brüsk und hart, und das ist er auch. Sie ist klein, tüchtig und hübsch und spricht und bewegt sich mit unglaublicher Sanftheit. Auf ihren Hochzeitsfotos wirken sie wie ein Grizzlybär und eine Märchenfee.
>
> Aber die Hochzeit liegt fünfundzwanzig Jahre zurück, und inzwischen haben sich die beiden weiterentwickelt. Beim Aufziehen der Kinder und dem Ausbau ihrer Beziehung hat jeder die verborgenen Eigenschaften des anderen zum Leben erweckt. Martin kann nun, wenn die Situation es erfordert, weich und sanft sein. Konflikte zwischen Arbeitgebern und -nehmern geht er überlegt und zielstrebig an, weiß die Probleme zu lösen und die Beteiligten zur Kooperation zu bewegen. Und wenn er für Helene einmal einen Anruf besorgter Eltern entgegennehmen muss, dann glaubt so mancher Gesprächspartner, die Krankenschwester sei mit einem netten, freundlichen Arzt verheiratet. Auch Helene hat ihre Persönlichkeit »abgerundet« und kann heute knallhart und messerscharf mit widerspenstigen Bürokraten und pflichtvergessenen Ärzten umgehen.

Wenn eine Eigenschaft unseres Partners uns anspricht, dann müssen wir uns klar machen, dass sie ein Potenzial ist, das auch wir besitzen und aktivieren können. Und wenn wir unseren Partner kritisieren, dann müssen wir herausfinden, wo sich bei uns, womöglich in anderem Gewand, dieselbe Schwäche versteckt.

Daselbe gilt für Abneigungen!

Dieses Prinzip erklärt auch, weshalb wir gegenüber manchen Fehlern anderer Menschen so intolerant sind und weshalb manche Verhaltensweisen uns extrem irritieren. Je mehr wir in uns unterdrücken, desto intoleranter werden wir anderen gegenüber. Das könnte zum Beispiel Grund dafür sein, weshalb mancher im Zölibat lebender Priester Sex verteufelt oder ein sanfter junger Sozialarbeiter auf Gewalt im Elternhaus fixiert ist.

Praktischer Schritt 5: Nehmen Sie Ihre Kritik zurück

Seinen Zwilling heiraten hat eine heikle logische Konsequenz: Wenn wir an unserem Partner etwas insgeheim oder offen auszusetzen haben, müssen wir ausfindig machen, wo und wie nämliche Schwachstelle sich bei uns zeigt. Zum Beispiel mögen wir meinen, dass er mit Zuneigung geizt – um festzustellen, dass wir mit Zeit knausern oder mit dem lieben Geld.

Immer wenn Sie etwas an Ihrem Partner kritisieren wollen – versuchen Sie als Erstes, dem Kind einen Namen zu geben. Suchen Sie dann nach Hinweisen darauf, dass Sie denselben Makel aufweisen; gewöhnlich macht er sich bei Ihnen in anderen Lebenssituationen oder -bereichen bemerkbar. Versuchen Sie daraufhin, Ihr Verhalten entsprechend zu korrigieren, und beobachten Sie, wie Ihr Partner reagiert. Machen Sie sich auf eine Überraschung gefasst!

Wie Paarbeziehungen uns selber spiegeln

Im Lauf der Entwicklung einer Beziehung werden wir schon recht früh mit Seiten von uns konfrontiert, die wir uns nicht gerade gern eingestehen. Schlimmer noch: Oft stören uns am heftigsten genau die Eigenschaften des Partners, die uns am stärksten angezogen haben. Aus Plus wird Minus. Die hoch geschätzte Zuverlässigkeit langweilt uns zu Tode, und wo der Partner uns einst so köstlich aufregend und spontan erschien, ist er nur noch hochgradig unzuverlässig.

> Julia kam zu uns, weil sie mit ihrer Ehe unzufrieden war. Ihren Worten zufolge verhielt ihr Mann Carl sich »genauso wie die Kinder«. Er »beteiligt sich nie an Entscheidungen, die die Kinder betreffen«, berichtete sie. Das überlasse er ihr, und es sei »sinnlos, mit ihm darüber zu sprechen«. Als wir auf ihre finanzielle Situation zu sprechen kamen, fragten wir, ob sie ihre Hypothek bald abbezahlt hätten. »Oh, da kenne ich mich nicht aus!«, antwortete Julia. »Sowas überlasse ich Carl.«
>
> In finanzieller Hinsicht war sie das Kind, das sie ihrem Partner vorwarf, in familiären Dingen zu sein. Und wie sich herausstellte, fühlte auch Carl sich überlastet, und zwar als »Brotverdiener «. Julia und Carl waren insofern Zwillinge, als sie sich beide wie einsame Märtyrer verhielten.
>
> Beide mussten sie lernen, sich in den Lebensbereichen zu engagieren, die sie dem Partner überlassen hatten. Dazu mussten sie zuerst einmal Kooperation üben, aber das macht Spaß und vor allem weit weniger einsam.

Wenn Sie begriffen haben, dass Sie mit Ihrem Zwilling verheiratet sind, dann wirkt die Bewältigung gemeinsamer Probleme und Herausforderungen zutiefst befreiend. Denn Sie decken dabei Ihr verstecktes Selbst auf. Zudem gibt's keinen Sündenbock, da niemand mehr die alleinige Ursache von Problemen ist. Keinem ist die Schuld zuzuschreiben, doch beide tragen die Verantwortung.

Unser Partner hält uns den Spiegel vor und zeigt uns unser wahres Gesicht. Es kann erschreckend sein, dieses Bild zu betrachten. Manche laufen lieber davon, als sich ihrem abgeschminkten Spiegelbild zu stellen.

Spiegel kann man wechseln, gewiss. Aber dadurch nicht das Gesicht! Mit der Hilfe eines Spiegels kann man besser Korrekturen an sich vornehmen, aber auch erkennen, dass man schön ist und menschlich dazu.

Praktischer Schritt 6: Wie Sie Ihren Partner finden

Wir glauben, dass es einen passenden Partner für jeden gibt, der einen will. Macht Ihnen die Suche nach dem richtigen Lebensgefährten, der richtigen Lebensgefährtin Sorge? Falls ja, sollten Sie zunächst einmal in Ruhe darüber nachdenken, ob Sie sich wirklich jetzt einen Partner wünschen und ob Sie in der Verfassung sind, tatkräftig und engagiert zu lieben.

Voll und ganz zur Liebe bereit zu sein, macht einen sicht- und spürbaren Unterschied aus. Wer sich und der Welt glaubhaft versichert: »Ich will Liebe«, der strahlt Reife und Schönheit aus. Immer wieder haben wir beobachtet, dass Männer wie Frauen, sobald der Entschluss gefasst ist, sehr schnell einen Partner finden.

Doris, eine dreißigjährige Wissenschaftlerin, arbeitete hart, kümmerte sich unermüdlich um andere und setzte immer ein freundliches Gesicht auf. Im Privatleben war sie jedoch einsam. Sie sehnte sich nach einem Seelenfreund und Kindern. Auf unseren Rat hin begann sie, diese Sehnsucht zuzulassen, statt sie zu verdrängen, ohne Scheu zu ihrem Verlangen zu stehen und gleichzeitig klare Kriterien hinsichtlich des erwünschten Partners und Lebensstils zu entwickeln. Sehr bald schon ging sie eine Beziehung ein, beendete sie aber wieder, weil der Mann zwar liebevoll war, aber weniger reif als sie. Beim nächsten Mal ging sie wählerischer vor.

Dieser Partner scheint tatsächlich sehr gut zu ihr zu passen. Doris hat sich ein Jahr frei genommen und befindet sich nun mit ihm auf Reisen.

In den meisten Fällen steht einer neuen Liebe im Wege, dass die Wunden einer früheren Beziehung nicht verheilt sind. Dass man nicht abermals verletzt werden will, ist nur allzu natürlich. Lassen Sie Trauer, Tränen und Wut freien Lauf. Wenn Ihnen danach ist, dann schreiben Sie einen bis in alle Ewigkeiten gültigen Abschiedsbrief (um ihn womöglich nur zu verbrennen)! Das wird Ihnen helfen, über Verletzungen hinwegzukommen und sich geläutert, klüger und zu neuen Taten bereit zu fühlen.

Begutachten Sie Ihr T-Shirt

Die Partnersuche steht und fällt mit Ihrer Einstellung. Diese Einstellung steht Ihnen ins Gesicht, in die Worte, die Haltung und den Gang geschrieben. Oder quer über die Brust wie ein T-Shirt-Aufdruck. Sie ist das Bekenntnis Ihres Glaubens an – Ihre Liebens-Würdigkeit.

Manche Menschen tragen unsichtbare T-Shirts, auf denen wie bei jungen Hunden oder kleinen Kindern steht: »Hab mich lieb!« Solche T-Shirts bescheren Ihnen einen Papi oder eine Mami, nicht aber einen reifen, gleichberechtigten Partner.

Andere Leute machen es umgekehrt. Auf ihren T-Shirts steht: »Ich brauche deine Liebe nicht!« Das stimmt natürlich, aber – warum soll man es aussprechen? Bis zu den Zähnen bewaffnete Palastwachen lassen auf furchtsame Könige und Königinnen schließen.

Wie die richtige T-Shirt-Botschaft aussieht? Vor einem kräftigen Hintergrund steht in kleiner, aber gut lesbarer Schrift:

»Ich bin ich selbst. Ich mag mich. Ich gebe und empfange gern Liebe. Wenn du meinst, gut genug zu sein, dann kannst du dich drinnen bewerben.«

Bindung:
Die Freiheit,
auf die man sich
verlassen kann

Bindung flößt vielen Menschen Furcht ein, und Paare können sich bei diesem Thema heftig ereifern. Dies ist auf die irrtümliche Annahme zurückzuführen, man müsse sich auf der Stelle und mit Haut und Haar binden. Damit kommt einem das Eingehen einer Bindung ähnlich vor wie eine Verurteilung zu lebenslänglicher Gefängnisstrafe oder ein Sprung von den Klippen bei Dunkelheit. Da wundert es wenig, dass jeder halbwegs vernünftige Mensch lieber das Weite sucht. In Wirklichkeit kann Bindung nur nach und nach erwachsen. Sie ist wie eine Leiter, die man erklimmt, Sprosse für Sprosse.

Einen klaren Vertrag schließen

Paarbeziehungen können viele verschiedene Formen annehmen, das war schon immer so und wird auch in Zukunft nicht anders sein. Sie können konventionell verheiratet sein oder das Zusammenleben testen. Sie können feste unverheiratete Partner sein oder ein getrennt lebendes Gelegenheitspaar oder bloß gute Freunde, die nackt Scrabble spielen. Sie können auch wechselnde Partner haben. Es gibt also viel Freiheit, aber zugleich genauso viel Stoff, der für Verwirrung sorgt.

Entscheidend ist nicht, wie die Beziehung anderen dargestellt wird, sondern ob die zwei Beteiligten sich darüber im Klaren sind, was sie gemeinsam tun. Es ist wichtig, dass sie hinsichtlich der Gestaltung der Partnerschaft – mag es sich um elementare Dinge wie Kochen und Finanzen handeln oder um grundsätzlichere Themen wie Treue und die Frage, wer für die Verhütung zuständig ist – einer Meinung sind. Es ist unabdingbar zu wissen, welchen Stellenwert die Beziehung für den Partner einnimmt und ob dieser dem eigenen entspricht. Dieses Einvernehmen bezeichnen wir hier als Vertrag. In ihm wird festgeschrieben, was wir vom anderen erwarten und der andere von uns.

Für alle Fragen des menschlichen Umgangs gibt es (für gewöhnlich unausgesprochene) Verhaltensregeln. Wenn Sie einem Freund auf der anderen Straßenseite zuwinken, erwarten Sie, dass er Ihren Gruß erwidert. »Beziehung« heißt, dass man sich hinsichtlich des erwarteten Verhaltens zuverlässig aufeinander beziehen kann. Wir müssen sicher sein, dass wir uns in bestimmten grundsätzlichen Punkten aufeinander verlassen können.

Früher, zum Beispiel in den Fünfzigerjahren, hielten Ehepaare sich in der Regel an einen Standardvertrag. Dieser besagte: Er arbeitet, sie kocht, sie zieht die Kinder auf, er repariert die Verandatür. Das schnürte Eheleute sehr ein. Heute stehen wir vor dem umgekehrten Problem: Niemand weiß genau, wer wofür zuständig ist. Deshalb lassen wir uns von der Gesellschaft und den Werbeagenturen beibringen, wie wir zu leben haben. (Zum

Beispiel sollen wir es in Ordnung finden, dass eine Frau einen Mann runterputzt, nicht aber vice versa. Und Frauen sollen berufstätig sein und die Kinder erziehen und dazu noch schön sein. Und so weiter ...)

Lassen Sie uns die Freiheit, die wir heute haben, lieber dazu verwenden, eigene, bewusste und ehrliche Abmachungen zu treffen. Einen langfristigen Vertrag entwickeln braucht Zeit. (Wir meinen selbstverständlich keinen gesetzlichen Vertrag – es sei denn, Sie sind reich und so unsicher, sodass Sie einen Ehevertrag brauchen.) Alle Paare schließen Verträge, explizit oder implizit. Hat man die Abmachungen nicht diskutiert und ausgearbeitet, dann beruhen sie auf allerlei Annahmen. Die meisten Paarprobleme sind ursprünglich vertraglicher Natur, und deshalb beginnen Partnergespräche bei Eheberatungen fast immer mit den Worten: »Aber, ich dachte ...!«

Das Gute an Verträgen ist nur scheinbar paradox: Sie bewirken ein Plus an Freiheit. Denn man weiß genau, wo man steht, und kann deshalb eher riskieren, ganz man selbst zu sein. (Die Partner einer Beziehung, in der »alles erlaubt« ist, fühlen sich oftmals sehr unfrei, weil sie sich in keiner Hinsicht auf den anderen verlassen können. Wie ein Auto ohne Lenkrad wird die Beziehung manövrierunfähig. Manche bezeichnen eine solche Beziehung als frei, aber in Wirklichkeit ist sie schlicht und ergreifend außer Kontrolle geraten.)

Das Ausarbeiten eines Vertrags, der auf Sie zugeschnitten ist, stellt daher einen entscheidenden Schritt auf dem Weg zu einer guten Beziehung dar. Ebenso wichtig ist es, den Vertrag anzupassen, wenn Ihre Bedürfnisse sich geändert haben und Ihre Liebe sich vertieft hat.

Wie man Verträge macht

Verträge entstehen vom ersten Augenblick unseres Kennenlernens an. Wir stellen schnell fest, wie zuverlässig unser Partner

Verabredungen einhält, wir klären, wer was bezahlt, und wir entscheiden, wie viel Zeit wir miteinander verbringen wollen.

»Ich wollte mit Daniel erst einmal ein Jahr oder so nur befreundet sein – für den Fall, dass die Beziehung schiefgehen sollte. Denn nach meiner Scheidung wollte ich die Kinder nicht zusätzlich dadurch verwirren, dass ich einen neuen Mann in ihr Leben brachte. Ich sagte zu Daniel: ›Wenn du es eilig hast, bin ich nicht die Richtige.‹ Ich war ungemein glücklich, dass er Verständnis zeigte, und wir kommen wirklich gut miteinander aus.«

»Sie hatte eine halbe Stunde Verspätung! Wenn ich acht Uhr sage, dann meine ich auch acht Uhr. Aber in ihrer Familie spielt Pünktlichkeit keine große Rolle. Seitdem ich das weiß, kann ich viel lockerer damit umgehen.«

Bald darauf wenden wir uns Themen zu, die das Ausgehen mit anderen und das sexuelle Verhalten betreffen. Und irgendwann werden Sie sich über Ihre Finanzen, Fragen von Loyalität und Zärtlichkeit, über Zuständigkeiten für die Kinder, Zeitaufteilung und Ähnliches mehr einigen müssen.

In der Vergangenheit entdeckten Paare oft erst dann, welchen Vertrag sie geschlossen hatten, wenn einer die unsichtbare Erwartungsgrenze des anderen überschritt. Dafür gab es klare Richtlinien für Brautwerbung, Verlobung und Eheaufgebot. Man wusste sich zu benehmen. Heutzutage fehlt es uns sogar schon an den Worten, um unsere Gefühle auszudrücken.

»Wenn du mich wirklich gern hättest, würdest du nicht ...«

»Was nicht?«

»Ach, du weißt schon ... Ich dachte, weißt du ... ich dachte, wir wären zusammen.«

»Du meinst fest?«

»Lach’ nicht!«

Es ist wichtig einzusehen, dass Regeln und Erwartungen ihre gesunde Berechtigung haben. In der Tat ist es sogar unmöglich, ohne sie zu leben. Falsch machen können wir nur eines: unsere Wünsche nicht deutlich ausdrücken. Unsere wechselseitige Verantwortlichkeit setzt daher zweierlei voraus, nämlich dass wir

✗ aus unseren Bedürfnissen und Erwartungen kein Hehl machen und

✗ nur Verpflichtungen eingehen, die wir auch erfüllen wollen.

Den richtigen Vertrag ausarbeiten

Gelingt es, sich in kleinen Dingen zu einigen, dann fällt es einem leichter, sich auf langfristigere und gewichtigere Verpflichtungen einzulassen. Man muss nicht gleich ins tiefe Wasser springen, und Sie wären zu Recht misstrauisch, sollte jemand dies von Ihnen verlangen.

Ein Vertrag ist ein individuelles und veränderbares Abkommen. Er ist abgestimmt auf die speziellen Bedürfnisse, Persönlichkeiten, das Alter und die sich wandelnden Lebensbedingungen eines Paares. (In »Das Geheimnis glücklicher Kinder« haben wir den Fall zweier über 90-jähriger Eheleute erwähnt. Das Paar konnte sich nicht ausstehen, wartete aber mit der Scheidung, bis »der Tod der Kinder es schied«.)

Wenn Sie Verträge scheuen, dann gestalten Sie sie kurzfristig. Ein Paar, das sich (aus Angst vor einer möglichen Trennung) nicht mit schwer wiegenden Problemen auseinander zu setzen wagt, könnte vereinbaren, auf jeden Fall sechs Monate zusammenzubleiben. Ohne die Angst, verlassen zu werden, können so beide gelassener ihre Konflikte austragen und lösen. Nach Ablauf der sechs Monate entscheiden sie, ob sie eine »Vertragsverlängerung« wollen oder brauchen.

Ist Bindung nicht eine Art Gefängnis?

Heutzutage fürchten viele Menschen sich davor, eine Bindung einzugehen. Sie vergeuden Jahre ihres Lebens in Wartestellung, statt sich ihrem Kernproblem zu stellen, nämlich der Angst, in unlösbare Konflikte verstrickt und verletzt zu werden. Und so bleiben sie lieber ungebunden und einsam, als das Risiko einzugehen, in eine Falle zu stolpern. Dabei gibt es zwischen beiden Extremen eine ganze Reihe anderer Möglichkeiten ...

Praktischer Schritt 7: Den Entschluss zur Heirat fassen

In Heiratsfragen versierte Leute haben vor einiger Zeit zwei radikale Vorschläge unterbreitet. Der erste will das Ritual der Verlobung wiederbeleben. Der zweite ist etwas für unerschrockene Zeitgenossen: Man solle die Ehe wieder als »ewig« betrachten. Fühlen Sie sich angesprochen? Dann lesen Sie nur weiter.

John Shelby Spong, der unbequeme, frei denkende Bischof von Newark, New Jersey, macht sich in seinem Buch »Living in Sin?« (»In Sünde leben?«) dafür stark, jungen Paaren eine bessere Ausgangsposition zu verschaffen. In Anbetracht der großen Zahl moderner junger Paare, die unverheiratet zusammen wohnen, plädiert er dafür, diesem Lebensumstand mehr Bedeutung und Anerkennung zu schenken und ihn Verlobtsein zu nennen. Sich verloben bedeutet, seiner Familie und seinen Freunden offen zu erklären, dass man zusammen leben, sexuell miteinander verkehren und einander treu sein will, aber nur so lange, wie beide es wünschen.

Verlobtsein ist eine temporäre, kündbare Bindung, gewiss. Aber sie ist immerhin ein Anfang! Paare können ihre Verlobung mit einer feierlichen Zeremonie begehen, mit einer Party oder auch nicht. Sie können sie in großem oder kleinem Rahmen feiern. Wer will, kann ihnen Geschenke machen. Sie ist in jedem Fall ein frohes Ereignis. Eltern gibt sie Gelegenheit, sich über etwas zu freuen, dem Eltern stets mit gemischten Gefühlen gegenüberstehen. Für das junge Paar ist sie ein Ritual, ein Augenblick des Stolzes, der denkwürdiger ist als das bloße Verrücken von Möbelstücken und saloppe Hineinschlittern in den Beziehungsalltag. Freunden und Familienangehörigen bietet sie die Chance, Zustimmung und gute Wünsche zu äußern, was für frisch gebackene Paare eine Hilfe sein kann (und Ermunterung zum Weitermachen, wenn Schwierigkeiten auftauchen). Reicht indes einer der beiden die Kündigung ein, so kann das Paar seine Verlobung auflösen, ob mit oder ohne Paukenschlag.

Stecken Sie Spong nun nicht in die liberale Schublade. Bei seinem zweiten Vorschlag lässt er nämlich wenig mit sich handeln. Wer Kinder in die Welt setzen will, fährt Spong fort, sollte verheiratet sein. Und zwar ein für alle Mal oder zumindest, bis die Kinder erwachsen und aus dem Haus sind. Kinder haben ist etwas anderes als einen Partner haben. Was Kinder brauchen, ist vor allem Beständigkeit. (Indem Spong diese Forderung aufstellt, tut er, was man von geistigen Führern erwartet: Er bewegt uns dazu, unsere Einstellungen zu überprüfen und ehrlicher zu sein.)

Würden die vorgestellten Vorschläge uns in Fleisch und Blut übergehen, dann könnten wir interessanten »Vertragsverhandlungen« lauschen:

»So, du willst also mit mir zusammenziehen, dich aber nicht verloben? Was ist denn mit dir los?«

> »Warum willst du mich nicht heiraten? Hältst du nach einem/einer anderen Ausschau, du Flittchen/Hurenbock?«
>
> »Ich fänd's wunderschön, Kinder zu haben. Aber ich bin mir nicht sicher, ob ich dich heiraten will. Lass uns noch warten.«

Die Ehe scheint fürwahr zu einer Lüge degeneriert, wenn man die Scheidungsraten (in Australien 40, in den USA 50 Prozent) studiert. Das Versprechen »Bis dass der Tod uns scheidet« ist nur mehr eine Floskel. Noch hat sich niemand getraut, es durch »Bis einer die Nase voll hat oder einen besseren Partner findet« abzulösen. Dabei stehen diese Worte unausgesprochen im Raum. Es gibt kaum noch eine Hochzeit, auf der die Gäste sich nicht fragen, wie lange diese Ehe wohl halten mag.

In Australien entdecken ungefähr 20 Prozent der Paare, die vor der geplanten Heirat an Partnerseminaren teilnehmen, dass sie sich nicht mögen, und blasen die Hochzeit ab. Besser hätten sie ihr Geld nicht investieren können!

Wenn Sie sich also nicht sicher sind, dann lassen Sie es. Wenn Sie ernstlich Hoffnung hegen, aber noch Vorsicht walten lassen wollen, so beginnen Sie mit kleineren Schritten. Manche Paare geben sich ein Versprechen auf drei Monate. Selbst bei einer solch kurzen Frist fühlen sie sich ermutigt, Konflikte durchzustehen, vor denen sie andernfalls einfach kapituliert hätten. Nach und nach entdecken sie, dass man Stürme übersteht, Probleme löst und dem Partner – und auch sich selbst! – über den Weg trauen kann.

Bedenken Sie, dass in vielen Kulturen der Welt das Versprechen – in Form von arrangierten Heiraten – den Anfang macht und dass daraus manchmal eine lebenslange Liebe erwächst. Uns, die wir auf unser Freiheits- und Wahlrecht pochen, ist dies eine entsetzliche Vorstellung. Gleichwohl belegen die Beispiele der sehr glücklichen, vermittelten Ehen, dass das Eingehen einer festen Bindung und eine klare Zielsetzung sich durchaus als wirkungsvoll erweisen können.

Man hat uns gelehrt, Schmerz als etwas zu betrachten, das man vermeiden soll. Schmerz ist jedoch auch ein Vorläufer von Wachstumsschüben und Veränderungen. Eine Bindung lässt Sie durchs Feuer gehen, obwohl es einfacher wäre davonzulaufen. Sich zu binden, das bedeutet nicht lediglich Aushalten, sondern auch fortwährendes Erneuern und Erweitern mit dem Ziel, eine freudvollere, intensivere und großzügigere Beziehung aufzubauen.

Begriffe wie »Hingabe« und »Bindung« und das Versprechen »in guten wie in bösen Tagen« klingen zwar altmodisch, drücken aber genau aus, wonach viele Menschen sich sehnen. Als unsere Generation die traditionellen Ehevorstellungen über Bord warf, wollte sie eine soziale Hülse durch »unverlogene« Erfahrung ersetzen. Das war und ist ein revolutionäres Vorhaben und kostet ziemliche Anstrengung. In Sicherheit leben, gepaart mit der Freiheit, man selbst zu sein, ist der Wunsch aller Menschen. Er geht für jeden in Erfüllung, der ernsthaft danach strebt und die Mühe nicht scheut.

Ein Paar lebt nicht isoliert

Die Strahlkraft der Liebe macht beim Paar nicht halt, sondern erhellt auf natürliche Weise auch seine Umgebung. Einen Partner lieben ist beileibe keine Reise ins Innere. Die Energie eines Paares kann Kinder hervorbringen und in einer einzigartigen Sicherheit heranwachsen lassen. Gestandene, reife Paare entdecken in sich Kräfte, die sie an ihre Mitmenschen weitergeben können. Sie führen ein offenes Haus und gehen großzügig mit ihrer Zeit, ihrem Geld und ihrem persönlichen Engagementum. Eine solche Paargemeinschaft schafft eine Wärme, die ihre ge-

samte Umwelt erfasst. Je glücklicher Ihre Liebe zu einem Menschen, desto mehr wird sie eine Liebe zur Menschheit werden.

Welche Art von Paar sind Sie?

Wenn Sie alle Paare, die Sie kennen, Revue passieren lassen, dann wird Ihnen augenblicklich klar, dass es viele verschiedene Arten gibt, eine Beziehung zu führen. In manchen Fällen scheint die Frau die Hosen anzuhaben und der Mann die Pantoffeln. Einige Paare streiten pausenlos über solch weltbewegende Themen wie das beste oder günstigste Haarshampoo. Andere wirken wie das genaue Gegenteil – eng umschlungen wie zwei Teddybären im Kuscheltierland. Wieder andere scheinen völlig getrennte Leben zu führen.

Wir sind alle einzigartig, und wir bilden einzigartige Partnerschaften. Diese gilt es jedoch weiterzuentwickeln, denn wahrscheinlich wollen Sie nicht für alle Zeit auf derselben alten Schiene weiterfahren. Dieses Kapitel will Ihnen helfen, zu erkennen welchem Beziehungsmuster Sie anhängen. Und es will Ihnen sagen, wie Sie dieses Muster ändern können, wenn Sie mit ihm nicht zufrieden sind.

Die Personen in Ihrem Kopf

Einmal kam eine Dame zu Steve und sagte:»Ich glaube, ich habe zwei verschiedene Persönlichkeiten!« Er erwiderte:»Was, nur zwei? Das ist in der Tat ein Problem!« In den Köpfen der meisten Menschen melden sich mindestens drei verschiedene Stimmen zu Wort – was nicht heißt, dass sie schizophren sind. Stellen Sie sich vor, Sie sitzen in Ihrem Lieblingsrestaurant, und der Kellner rollt den Dessertwagen an Ihren Tisch. Lauschen Sie nun Ihren Gedanken:»Ich möchte die Sahnetorte, und zwar sofort!«»Aber dann nehme ich gleich wieder sieben Pfund zu!«»Jetzt werd nicht hysterisch! Ein kleines Stück schadet nichts!«

Wem gehören diese Stimmen? Auf welche sollen Sie hören? Woher kommen sie? Eric Berne hat ein einfaches Schema entwickelt, das erklärt, warum Sie von so vielen inneren Konflikten geplagt werden. Er unterscheidet drei»Hauptabteilungen« von Persönlichkeit: das Kind, die Eltern und den Erwachsenen in Ihnen.

Das Kind

Mit ihm kamen Sie auf die Welt. Es ist der Teil Ihrer Persönlichkeit, der für Ihre Wünsche und Gefühle, Ihre Impulse und Eigeninteressen, Spaß und Energie spricht. Diese»Kinderabteilung« kann richtig schön und kindlich sein, aber auch nervend und kindisch. Das Kind in Ihnen redet so:

»Wow, das ist ja super!«

»Du hast mich schon zum zweiten Mal angestoßen – jetzt mach mir endlich Platz!«

»Ich bin traurig. Mir hat der Urlaub so gut gefallen! Ich will nicht, dass er vorbei ist.«

»Ich bin furchtbar erschrocken, als ich das Auto schleudern sah.«

»Ich fühle mich so wohl, wenn du da bist.«

Das Kind ist direkt und ehrlich. Es spricht aus dem Herzen. (Gleichwohl ist es manchmal bloß zum Spaß listig, infantil oder aufsässig – ganz wie ein Kind im richtigen Leben.)

Die Eltern

Dieser Teil Ihrer Persönlichkeit hat sich ausgebildet, als Sie heranwuchsen und Ihr Gedächtnis buchstäblich die Stimmen der Erwachsenen in Ihrer näheren Umgebung aufgezeichnet hat:

»Mein Gott, bist du dumm!«

»Wirklich schlau von dir, dass du das herausbekommen hast.«

»Große Jungen weinen nicht!«

»Du brauchst deinen Mittagsschlaf.«

»Iss das Gemüse!«

Und so weiter ...

Diese – bestärkenden wie destruktiven – Botschaften schwirren ein Leben lang ständig in Ihrem Kopf herum, wenn Sie es zulassen. Sie sind gleichsam Ihre Sammlung von Originalaufnahmen (Mamis und Papis Greatest Hits), die Ihr verinnerlichtes Elternpaar darstellt. Zum Glück kann man diese Kollektion auf den neuesten Stand bringen; man muss lediglich wissen, welche Aufnahmen man besitzt. Je nach »Kinderstube« kann das Elternpaar in Ihrem Kopf freundlich, sanft und ermutigend zu Ihnen sprechen oder hart, anklagend und zudringlich. Für gewöhnlich vernimmt man ein Medley aus wohltuenden und verletzenden Botschaften, denn kein Elternpaar war je perfekt.

Hier die Wünsche und Gefühle des Kindes, dort der Vorschriftenkatalog der Eltern, das sorgt für jede Menge innere Konflikte. Wozu braucht's einen Partner, wenn man mit sich selbst genug meckern, hadern und streiten kann?! Doch es naht Hilfe – vom Erwachsenen in Ihnen.

Der Erwachsene

Infolge dieser Konfliktsituation beginnen Kinder ab dem Alter von zwei Jahren, Vernunft zu entwickeln, die »erwachsene Abteilung« des Gehirns. Wenn Eltern mit dem Kind reden und ihm Dinge erklären, jedoch auch einige unumstößliche Ge- und Verbote ausgeben (dass man mit Argumentieren allein nicht weiterkommt, wissen Eltern zweijähriger Kinder nur zu gut), dann wird es mit achtzehn oder neunzehn Jahren über eine sehr funktionstüchtige Erwachsenenabteilung verfügen – und eventuell sogar von ihr Gebrauch machen!

Sobald Heranwachsende mit allen drei »Stimmen« ausgestattet sind, vermögen sie sich auf zunehmend reife Weise zu verhalten. Was sie wollen, kommt vom »Kind«, was sie sollen, von den »Eltern« und was vernünftig und Erfolg versprechend erscheint, kommt vom »Erwachsenen« in ihnen. Und all das vermögen sie gegeneinander abzuwägen.

Theoretisch zumindest ... Erfahrungsgemäß ist nämlich eines sicher: Wenn Sie erwachsen und reif für Liebesbeziehungen geworden sind, dann herrscht in Ihrem Kopf Gedränge, und es setzt ein aufregend vielschichtiger, nicht abreißen wollender innerer Dialog ein.

Begegnungen: Wenn unsere »Persönlichkeiten« auf ihre Pendants treffen

Jetzt sind wir soweit, uns der Kommunikation von Paaren zuzuwenden. Das Zusammentreffen zweier Menschen mit jeweils drei reagierenden »Abteilungen« eröffnet eine Vielzahl von Möglichkeiten. Werden die »Eltern« des Partners Ihr »Kind« bevormunden? Werden die »Erwachsenen« in Ihnen beiden vernünftig über die Finanzen reden? Oder werden Ihre »Kinder« miteinander spielen?

Diese Art von Analyse kann sich als äußerst nützlich erweisen, wenn Ihre Paarbeziehung sich immer wieder an bestimmten

Aspekten reibt. Mit ihrer Hilfe können Sie feststellen, welcher Teil Ihrer Persönlichkeit – »Eltern«, »Erwachsener« oder »Kind« – in diesen Krisensituationen am Steuer sitzt, und ihn dann auf einen der beiden Beifahrersitze umplatzieren. Dadurch werden neue Spielarten möglich, wie im folgenden Beispiel geschehen:

Diana und Peter gehen auf die Dreißig zu. Diana hat die Hosen an, und gewöhnlich entscheidet sie, wie das Wochenende gestaltet wird. Peter neigt dazu, sich ihr unterzuordnen, ist aber oft eingeschnappt und schlecht gelaunt. Am Sonntagmorgen haben sie dann meist einen Riesenkrach.

Als Peter sachlich und in Ruhe darüber nachdenkt, stellt er fest, dass er sich freitagabends auf die hilflose Rolle seines »Kindes« zurückzieht, anstatt zu sagen, was er will und braucht. Er muss sich von dieser Rolle lösen und klipp und klar sagen: »Ich brauche diesen Samstag mal Bewegung, ich will nicht deine Freunde besuchen.« Diana wiederum muss ihre Elternrolle ablegen. Statt Peter Unternehmungen vorzuschreiben, sollte sie gleichberechtigt, von »Erwachsenem« zu »Erwachsenem«, mit ihm darüber reden, wie sie beide ein schönes Wochenende verbringen können.

Sie lassen es auf einen Versuch ankommen. Am Samstag darauf besucht Diana ihre Freunde und unterhält sich blendend mit ihnen, während Peter mit den Kindern baden geht. Und siehe da, abends kommen beide bester Laune wieder zusammen.

Rollenwahl und Rollenspiel: Sein, wer man sein will

Das Zusammenspiel der kindlichen, elterlichen und erwachsenen Persönlichkeitsspektren kann individuell stark variieren. Manche Menschen leben ausschließlich ihre »Eltern«-Rolle und führen ein Leben voller Regeln und Einschränkungen. Oder sie sind immer großzügig und aufmerksam anderen, aber nie sich selbst gegenüber. Man könnte sagen, dass sie sich wie übereifrige Eltern verhalten.

Andere sind, obzwar unbestritten top organisiert und kompetent, »erwachsen« bis hart an die Grenze zur Langweiligkeit. Und dann gibt's noch die geballten Bündel »kindlicher« Energie, die etwas ungemein Ergötzliches ist, solange sie sich nicht als Freiheit versteht, ein Auto ums andere zu Schrott fahren, Leihgaben behalten oder seine Herzallerliebsten mit Geschlechtskrankheiten anstecken zu dürfen.

Probleme entstehen, wenn wir in einer oder zwei Rollen gefangen sind, unser Motor sozusagen nicht auf allen »drei Zylindern« läuft. Eine solche Unausgewogenheit wirkt sich auf all unsere Beziehungen aus, am stärksten aber auf die zu unserem Partner. Sie schlägt sich auch deutlich in der Wahl nieder, die wir treffen: Möglicherweise hat Ihr derzeitiger Partner Sie deshalb so stark angezogen, weil Ihnen das »Kind« in ihm herrlich frei oder sein »Eltern«-Part wohltuend fürsorglich erschien.

Diese Ausführungen erlauben folgende wichtige Erkenntnis: Da das Repertoire eines jeden Menschen alle drei Rollen umfasst, können wir jederzeit entscheiden, wie wir interagieren wollen. So wie Sie in der Lage sind, die »Stimmen« in Ihnen zu identifizieren, haben Sie die Wahl. Ganz nach Bedarf können Sie dann elegant von der überlegten Erwachsenen- in die Kinder- oder behütende Elternrolle schlüpfen.

Die vier Grundstrukturen der Partnerkommunikation

Es gibt vier vortreffliche Weisen, auf die unsere drei »Persönlichkeiten« mit denen des Partners verkehren können. Sie sind gekennzeichnet durch: die Sorge füreinander, den Austausch von Wertvorstellungen, das Arbeiten Hand in Hand und die Nähe zueinander.

Füreinander sorgen: Eltern und Kind

Jeder Mensch will sich gelegentlich im Gefühl von Abhängigkeit wiegen dürfen, sich umsorgen und unterstützen lassen. Es ist einzigartig zu wissen, dass ein anderer um das eigene Wohlsein bemüht ist. Frisch Verliebte sind dazu nur zu gern bereit. Aufmerksamkeit, freundliche Worte und Berührungen sind Teil des Werbens. Wenn wir verliebt sind, fällt es uns nicht schwer, derlei Beweise von Zuneigung anzubieten sowie freudig anzunehmen.

Dieses Verhalten kann freilich leicht ins Zuckersüßliche abgleiten oder einschnürend wirken. (»Soll ich deinen Tee umrühren?« »Danke, Mami!«) Und nicht selten werden Partner unter den Belastungen des Alltags sparsamer im Geben oder – noch schlimmer – übersehen, was sie täglich erhalten. Dann tritt ein, was wir »Selbstverständlichkeit« nennen.

Praktischer Schritt 8:
Sprechen Sie Ihre Wünsche aus

Wollen Sie mehr Fürsorglichkeit in Ihre Beziehung bringen? Dann machen Sie deutlich, was Sie sich wünschen. Versuchen Sie nicht, die Gedanken Ihres Partners zu lesen, und erwarten Sie das auch nicht von ihm. Sagen Sie unverblümt, woran es Ihnen fehlt, und besprechen Sie, wie sich der Mangel beheben läßt. Aufmerksamkeiten könnten zum Beispiel darin bestehen, einander ohne sexuelle Absichten zu massieren, für den anderen ein gutes Essen zu kochen oder ihm Gelegenheit zu geben, ein Problem zu besprechen, das Sie nicht unmittelbar betrifft. Wenn Sie einige Komplimente gebrauchen können, weil Sie einen anstrengenden Tag hinter sich haben, dann rücken Sie damit heraus: »Sag mir, was dir an mir gefällt!«

Nach dem früher sehr verbreiteten Stereotyp hatte die Frau dem Mann alle Fürsorge angedeihen zu lassen (weil er »die Brötchen verdiente« und damit seine Pflicht getan hatte). Wenn Sie unbedingt einen solchen Vertrag schließen wollen, dann nur zu. Nähe fördert dieses Muster allerdings nicht. Das gelingt weit besser, wenn man sich wechselseitig umeinander kümmert.

Wertvorstellungen austauschen: Eltern zu Eltern

Sprechen Sie über Ihre Werte, Ihre Überzeugungen, Ihre Ziele und Ihre Vorstellungen von Kindererziehung, wann immer sich die Gelegenheit bietet. Auf dieser Begegnungsebene dürfen Sie träumen und in großen Dimensionen denken. So werden Sie eine gemeinsame Vorstellung davon entwickeln, wohin Ihr Leben Sie führen soll und was Sie für wertvoll erachten. Es ist unnötig, krampfhaft Übereinstimmung erzielen zu wollen: Indem Sie Ansichten äußern und erörtern, werden Ihre Gedankengänge sich verflechten. Denken Sie an die Bäume in einem Wald. Langsam, im Lauf von Jahrzehnten, verschlingen sie ihre Wurzeln und Äste und bleiben dennoch klar unterscheidbar. Wenn man sich auf eine solche Sichtweise verständigt, lassen individuelle Zielsetzungen sich offen umsetzen, ohne dass die Harmonie nachhaltig beeinträchtigt wird.

Manche Paare sind sehr lange Zeit zusammen, ohne je wesentliche, wirklich bewegende Themen (wie die Frage »Was machen wir eigentlich aus unserem Leben?«) anzuschneiden. Gelegenheit dazu, sich über seine Ideen und langfristigen Vorhaben zu unterhalten, bieten zum Beispiel eine längere Autofahrt oder ein Urlaub.

Mitunter geben Erlebnisse den Anstoß zu ausgiebigen, tiefgründigen Gesprächen. Als wir zum ersten Mal den Film »Der große Frust« sahen, sprachen wir bis zum Morgengrauen darüber, wie unser Weg bislang verlaufen war und wohin er uns führen sollte.

Gemeinsam in eine Richtung marschieren, das hat nichts mit Anpassung zu tun. Es ist Ausdruck der kontinuierlichen Kommunikation eines Paares, das einander über Meinungsdifferenzen und Veränderungen auf dem laufenden hält, damit jeder die Ziele des anderen unterstützen kann.

Hand in Hand arbeiten: Erwachsener und Erwachsener

Transport, Geldbeschaffung, Einkauf, Schulfragen, Kinderbetreuung, Hausarbeit, wer erledigt wann was – praktische Angelegenheiten füllen einen Großteil unseres Alltags aus. Gehen Sie Diskussionen über diese Themen nüchtern und möglichst objektiv an. Halten Sie ein Auge auf die Details, denn das macht die Abwicklung langfristig problemloser und einfacher. Eventuell entdecken Sie, dass eine kurze tägliche Besprechung Ihnen und Ihrem Alltag besser bekommt als atemlose Anweisungen am Treppenabsatz.

Seien Sie zuverlässig. Halten Sie ein, was Sie zugesagt haben. Stellen Sie Listen auf, seien Sie bei Notwendigkeiten genau, erwägen Sie Alternativen, verhandeln Sie über Kompromisse, werden Sie sich handelseinig ...

Wenn Sie aus Ihrer Erwachsenenposition heraus handeln, dann können Sie nett und freundlich sein und dennoch bei den Tatsachen bleiben. Der folgende Dialog ist nicht erwachsen.

»Es ist sinnlos mit dir, du bist wie deine Mutter!« »Du redest von meiner Mutter!? Dann denk mal an unsere Hochzeit! Da hat dein Bruder ums Haar drei Autos ramponiert.«

Manche Leute können offenbar nicht umhin, ihren Alltag mit einem negativen emotionalen Beigeschmack zu würzen. Sie machen sich das Leben unnötig schwer. Die Hausarbeit schmeckt ihnen wie saure Gurken, und in ihrem Tagesmenü ist immer ein Tropfen Bitterkeit und Märtyrertum zu spüren. Oftmals wurde diese innere Einstellung von einer Generation an die nächste weitergegeben. Erinnern Sie sich daran, wie Ihr Vater Auto fuhr oder Ihre Mutter die Hausarbeit anpackte. Es ist Ihr gutes Recht, es dem Geschirr »heimzuzahlen«, es mit dem Teppich »aufzunehmen« oder auf dem Schulweg Ihrer Kinder mit dem Verkehr zu »kämpfen«. Lassen Sie sich von uns nicht davon abhalten!

Vergessen Sie bei Verhandlungen mit Ihrem Partner über derlei alltägliche Dinge jedoch nicht, daß es lediglich um praktische Arrangements geht. Emotionalität stiftet unnötige Verwirrung. Nüchtern und klar denken ist erlernbar und das beste Werkzeug, wenn man faire, zufriedenstellende Abmachungen treffen will. Und diese wiederum lassen uns mehr Zeit für das Genießen von Nähe bei der vierten Art des Zusammenseins.

Einander nahe sein: Kind und Kind

Darunter verstehen wir ganz simpel, sich miteinander zu vergnügen. Manche Paare sind ein großartiges Arbeitsgespann. Sie renovieren ein halbes Dutzend Häuser, ziehen ein halbes Dutzend Kinder groß und führen ein Geschäft, aber sie halten nie inne, um bloß zu »sein«. Einander nahe sein, das umfasst alle erdenklichen Arten des gemeinsamen Vergnügens und Erholens, jederlei Austausch von Zuneigung und natürlich auch die sexuelle Liebe. Durch Nähe und Spaß regeneriert sich Ihre Energie, und Sie fühlen sich wie neu geboren.

Einander nahe sein setzt nicht unbedingt voraus, dass man etwas gemeinsam tut. Es kann auch das Gefühl meinen, einfach die vertraute Anwesenheit des Partners zu genießen. Es schließt übrigens keineswegs die Kinder aus. In einer Familie gibt es kaum Schöneres als die Momente, in denen alle als ein einziges großes Kuschelknäuel auf dem Bett liegen, zu dröhnender Musik tanzen, sich eine Kissenschlacht liefern oder auch eine gemeinsame Ruhepause zum Vorlesen von Geschichten oder Austauschen von Erinnerungen einlegen.

Wer in schlechten Zeiten herangewachsen ist, hat oft nicht gelernt zu spielen. Entweder mangelte es an der Zeit, an den Gelegenheiten oder an den Vorbildern. Verspieltheit bedeutet, dass man sich gern selbst auf die Schippe nimmt. Und das kann man lernen. Kinder sind dabei ein große Hilfe.

Praktischer Schritt 9:
Berührungen und Massage

Berührungen sind wichtig und von besonderer Bedeutung. Es ist erstaunlich, wie leicht und schnell ein sanftes Streicheln die Laune heben kann. Das Verlangen nach Körperkontakt ist so elementar wie Hunger und Durst. Eine liebevolle Berührung vermag sehr viel: beruhigen, verjüngen, aufheitern, das Selbstwertgefühl steigern... Es ist erwiesen, dass eine Umarmung oder ein Schulterklopfen die Immunabwehr verbessern, den Hämoglobinspiegel heben, Stress abbauen und eine Menge mehr Gutes bewirken kann.

Liebevolle Berührungen sind nicht dasselbe wie sexuell motivierte. Sie tun gut daran, stets zu wissen, auf welche Art Sie berühren beziehungsweise berührt werden wollen. Verwandeln sich liebevolle Berührungen unweigerlich in sexuelle »Handgreiflichkeiten«, dann entwickelt der sexuell zurückhaltendere Partner womöglich eine grundsätzliche Scheu vor Körperkontakt.

Benutzen Sie Berührungen nie zu Überredungszwecken. Auch kann das den Partner verschrecken, spürt er doch die Doppelbödigkeit Ihres Verhaltens. Sie können Berührungen »geben« und »annehmen«. Doch tun Sie es unmissverständlich. Und stellen Sie sicher, dass es dem Wunsch Ihres Partners entspricht.

Beim Massieren handelt es sich um »gebende« Berührungen, die wohltuend, entspannend und heilsam wirken. Massagen können jeder Paarbeziehung gut tun. Es lohnt sich, eine zusammenklappbare Massagebank zu kaufen. Oder Sie breiten eine Decke auf dem Boden aus. So können Sie sich beim Massieren ungehindert um Ihren Partner herum bewegen. Sie werden schnell feststellen, was er mag.

Sprechen Sie während der Massage nur, um zu sagen, was Ihnen gefällt! Sparen Sie andere Themen aus! Lassen Sie Ihren Partner durch Geräusche (wie wär's mit Schnurren?) wissen, was Ihnen behagt. Außerdem wandern Ihre Gedanken so weniger leicht ab, was dem körperlichen Erleben seine Intensität nehmen würde. Das Gefühl unverkrampften Behagens verstärkt sich, wenn Sie wohlige Laute von sich geben.

Ein Musterbeispiel der Partnerkommunikation

Füreinander sorgen, einander nahe sein, Wertvorstellungen austauschen, Hand in Hand arbeiten – bei einer gesunden Partnerbeziehung fügen diese vier »Künste« sich wie von selbst in einem harmonischen Ganzen zusammen:

Ed und Edna wachen morgens auf und kuscheln noch eine Weile. Aufmerksam beobachten sie eine Motte, die unter der Decke schwirrt. »Die fängst besser du!«, sagt Ed. »Sie ist auf deiner Seite.« »Nein«, antwortet Edna, »ich bin für die Grundstoffindustrie zuständig und du für die Verteidigung.« Ed jagt der Motte hinterher, stößt sich aber an der Heizung neben dem Bett. Die Motte entkommt. Niedergeschlagen krabbelt Ed ins Bett zurück, und Edna tröstet ihn. Bald darauf rührt sich der Nachwuchs im Zimmer nebenan. »Ein neuer Tag!«, sagt

Ed. Edna ist schon beim Aufstehen, reckt sich, streicht ihre Schnurrhaare glatt und reibt ihren pelzigen schwarzen Rükken an einem Stuhl.

Praktischer Schritt 10:

Test: Welche Art von Paar sind Sie?

Dieser Fragebogen will Ihnen helfen, die vier Grundstrukturen der Partnerkommunikation zu beherrschen. Füllen Sie ihn aus, und lassen Sie ihn dann herumliegen, damit er Ihrem Partner in die Hände fällt.

Wie häufig treten Sie mit Ihrem Partner in Kontakt durch:

Fürsorge (einander etwas geben und unterstützen)

(Sie geben)	❏ **selten**	❏ **manchmal**	❏ **häufig**
(Sie empfangen)	❏ **selten**	❏ **manchmal**	❏ **häufig**

den Austausch von Wertvorstellungen (über Ihre Werte, Meinungen und Hoffnungen sprechen)

❏ **selten**   ❏ **manchmal**   ❏ **häufig**

die Arbeit Hand in Hand (sich über praktische Angelegenheiten unterhalten und einigen)

❏ **selten**   ❏ **manchmal**   ❏ **häufig**

Nähe zueinander (spielerisch, gefühlvoll und/oder zärtlich miteinander umgehen)

❏ **selten**   ❏ **manchmal**   ❏ **häufig**

Wir brauchen zudem das Gefühl, frei atmen zu können. Stufen Sie Ihre Beziehung also auch in folgender Hinsicht ein:

Unabhängigkeit

(In welchem Maß können Sie es genießen, für sich zu sein?)

❏ selten   ❏ manchmal   ❏ häufig

(In welchem Maß können Sie akzeptieren, dass Ihr Partner seiner eigenen Wege geht?)

❏ selten   ❏ manchmal   ❏ häufig

Ihre Antworten werden Ihnen deutlich bewusst machen, welche Aspekte in Ihrer Beziehung abgedeckt sind und welche nicht. Vielleicht wollen Sie mit Ihrem Partner darüber sprechen und seine Einschätzung hören. Wenn Sie dann auch noch an den Defiziten arbeiten wollen, dann dürfte Ihnen beiden entschieden mehr Lebensfreude winken.

Trennen Sie sich von ausgedienten Mustern

Hand in Hand arbeiten, Wertvorstellungen austauschen, Nähe und Fürsorge – eine lebendige und beständige Beziehung braucht alle vier Kommunikationsarten. Ist allerdings eine davon zu stark ausgeprägt, wird's problematisch: Gar nicht so wenige Menschen verfangen sich in einer Verhaltensweise und kommen nicht von ihr frei. Es gibt drei klassische Muster. Wenn Sie eines davon bei sich entdecken, dann krempeln Sie die Ärmel auf, ehe Sie vollkommen festsitzen.

Das Rettersyndrom: »Was wärst du ohne mich?«

Das Eltern-Kind-Fürsorgeverhältnis sollte umkehrbar sein, damit Geben und Nehmen sich langfristig ausgleichen. Fällt es zu einseitig aus, ist das berüchtigte »Rettersyndrom« am Werk. Hier ein Beispiel:

> Erik hatte einen guten Job bei einer Bank. Er lebte allein in einer tadel-, aber eher seelenlosen Wohnung, fuhr einen gebrauchten Audi und verbrachte die Abende mit seinem Computer. Er gehörte zu den Leuten, die ihre Steuererklärung immer pünktlich einreichen. Seine Freunde sorgten sich um ihn (er war achtundzwanzig Jahre alt und fast nicht mehr »vermittelbar«) und luden ihn, wenn sie daran dachten, zu ihren Partys ein. Bei einem dieser Feste wurde Erik auf Marlene aufmerksam. Er musste es, denn niemand konnte Marlene übersehen. Sie lachte ständig, fasste ihre Gesprächspartner an und war etwas zu leicht bekleidet. Irgendwie wurden Erik und Marlene einander vorgestellt und kamen kurz ins Plaudern. Wieder zu Hause, ertappte Erik sich dabei, daß seine Gedanken um Marlene kreisten. Marlene dachte ebenfalls immer

wieder an den ruhigen, ordentlichen, scheuen jungen Mann, und da sie keine Hemmungen kannte, besorgte sie sich bei gemeinsamen Freunden kurzerhand seine Telefonnummer.

Darauf trat ein, was einem vielleicht ein- oder zweimal im Leben widerfährt und an die Fügung des Schicksals glauben lässt: Just als Marlene die Nummer wählte, beschloss Erik einige vom Mond beschienene Vorstadtkilometer weiter, Marlene anzurufen. Er langte zum Telefon, doch ehe er nur eine Zahl wählen konnte, war Marlene schon am Apparat! Innerhalb weniger Wochen waren sie verlobt und ein paar Monate später verheiratet. Kein Paar hätte glücklicher sein können. So schien es zumindest.

Sie werden wahrscheinlich bereits erkannt haben, daß Erik den kühlen Verstand des »Erwachsenen« und die Verantwortlichkeit der »Eltern«, Marlene dagegen die Vitalität des »Kindes« einbringt. Zusammen ergänzen sie sich allerdings zu nur einer vollständigen Person! Das ist Ko-Abhängigkeit, wie sie im Buche steht. Und wie geht unsere Liebesgeschichte weiter?

Erik hat wenig Spaß, wenn Marlene nicht da ist, und Marlene ist sehr unsicher, wenn Erik nicht ihr Leben organisiert. Gewissermaßen »rettet« einer den anderen. Was passiert, wenn sie oder er sich plötzlich weiterentwickelt? Wenn Erik lernt, sich zu amüsieren, und das Geld für die gemeinsame Krankenversicherung in ein paar neue Ski steckt? Wenn Marlene ihre ernsthafte Seite entdeckt, ein Studium beginnt und Sozialarbeiterin wird? Wie dem auch sei, einer von beiden wird der Verlassene sein.

Im Fall von Erik und Marlene spielt die Frau das »Kind«. Doch es kann ebenso gut ein Mann diese Rolle ausfüllen: ein Alkoholiker zum Beispiel, dessen Partnerin zwar mault und meckert, Exzesse aber deckt, ihm immer wieder verzeiht und gewöhnlich aus der »Eltern«-Warte heraus agiert. Bekommt der Mann seine Sucht in den Griff, dann führt dies oft zum Zusammenbruch der Partnerin, die niemanden mehr »retten« kann. Hier gilt es, jedem der beiden zu mehr Glück und weniger Abhängigkeit zu verhelfen.

Konkurrenz:
Der Wettkampf, bei dem es nur Verlierer gibt

Manche Paare benutzen sich als Spiegel nach dem Motto: Was immer der eine tut, das stellt der andere in den Schatten.

>»Ich hatte einen schrecklichen Tag!« – »Schrecklich? Ha, wenn du mit drei schreienden Kindern hier zu Hause gewesen wärst ...«

>»Deine Freunde langweilen mich.« – »Dafür fallen sie nicht unangemeldet ins Haus, wie deine es immer tun!«

>»Ich hab Kopfschmerzen.« – »Ich auch. Und ich glaube, ich bekomme eine Grippe!«

Partnerkonkurrenz basiert auf der Annahme, der Vorrat an Liebe sei begrenzt und reiche nicht für alle. Dies mag ein Partner als Kind so erfahren haben. Unter Erwachsenen aber herrscht kein Mangel an Liebe; wir müssen nur lernen, sie zu erzeugen.

Das Konkurrenzverhalten hat man sich meist in der Kindheit angeeignet, zum Beispiel weil die Eltern ständig sehr beschäftigt waren oder man zu viele Geschwister hatte. Man kommt aus dieser Zwangsjacke heraus, wenn man sich bemüht, mehr zu geben und unverblümt mehr zu verlangen. Durch das Austauschen von kleinen »Geschenken« lernen wir begreifen, dass wir nichts verlieren, wenn der andere etwas gewinnt, sondern dass »netto« die Liebe gedeiht.

Entfremdung: Schiffe in tiefschwarzer Nacht

Einander entfremdete Paare sind tieftraurige Partnerschaften. Denn es haben beide Partner resigniert. Entfremdete Paare haben unendlich viele Schmerzen und Verletzungen erfahren. Manche reden nicht einmal mehr miteinander.

»Mein Mann? Oh, der muss irgendwo im Haus sein. Moment, ich frag schnell die Kinder.«

»Meine Frau? Ja, ich hab ihr neulich einen Scheck ausgestellt. Hier ist die Quittung.«

J.WRIGHT

Jonathan und Franziska, beide Anfang Fünfzig, lebten mehr als zwanzig Jahre lang nebeneinander her. Richtig zufrieden waren sie damit nicht. Aber sie arbeiteten Hand in Hand, um das Bild von der intakten Familie zu wahren und glückliche Kinder aufzuziehen.

Das Kartenhaus fiel in sich zusammen, als die jüngste Tochter eine Überdosis an Drogen nahm. Beider Kummer verwandelte sich in Ärger über versäumte Gelegenheiten und nie geklärte Missverständnisse. Ihre Kommunikation geriet zum Gang über Minenfelder. Jonathan sah sich (erstmals!) nach anderen Frauen um, und Franziska war drauf und dran, zu gehen und allein zu leben. Mitten in dieser Umbruchsituation kam es zu einigen sehr ehrlichen Gesprächen. Die beiden entdeckten, welch tiefe Gefühle sie verbanden, und plötzlich, wenn auch verspätet, verliebten sie sich ineinander. Bei unserem letzten Treffen strahlten sie wie Jungvermählte.

Vielleicht entfremden sich bis zu einem gewissen Grad alle Paare, die Kinder großziehen. Über den hohen Anforderungen der Kindererziehung »vergessen« sie schlicht ihre Partnerschaft. Sie nehmen sich füreinander kaum mehr Zeit. Kein Wunder, dass der Funke erlischt, der sie dereinst zusammengeschweißt hat: Werden Blumen zu wenig gedüngt, dann tragen sie bald keine Blüten mehr. Sollten Sie das bei sich feststellen, dann wissen Sie hoffentlich, was zu tun ist!

Jeder verstrickt sich ab und an in Mustern der Ko-Abhängigkeit, Konkurrenz oder Entfremdung. Man muss dies allerdings möglichst früh erkennen und die Balance wieder herstellen können. Wenn Ihr bisheriges Vorgehen nicht fruchtet, dann wählen Sie ein anderes. Bei gestörten Beziehungen ist es häufig so, dass Retter noch mehr retten wollen, Konkurrenten noch stärker konkurrieren und Entfremdete sich noch weiter voneinander entfremden. Der Familientherapeut Moshe Lang beschreibt dies treffend mit dem Zitat eines Mannes: »Nun koche ich dieses Ei schon seit vier Stunden, und es ist immer noch hart!«

Die in unserem Buch vorgestellten Methoden werden Ihnen dabei helfen, eine ausgewogenere, erfülltere Beziehung herzustellen und alte Muster hinter sich zu lassen. Sie werden sie bestimmt nicht vermissen!

Wie das Lösen von Problemen Partner einander näher bringt

Er:	»Ich werde zornig, wenn sie Entscheidungen trifft, ohne mich vorher zu fragen.«
Wir:	»Sie werden was?«
Er:	»Ich werde richtig wütend.«
Wir:	»Ist das auch jetzt so, während Sie darüber sprechen? Was empfinden Sie?«
Er:	»Meine Brust ist verkrampft, und mein Herz schlägt schneller. Ist das kein Zorn?«
Wir:	»Nein. «
Er:	»Hm, na ja …, es ist wohl Furcht.«
Wir:	»Aha! Sagen Sie ihr das, jetzt …«

Im Gespräch bleiben

Der herausragende Psychotherapeut Eric Berne bemerkte einmal, man käme in einer Beziehung mit drei Wörtern aus:»Ja«, »Nein« und»Toll!«.

Die meisten Menschen ziehen es jedoch vor, sich etwas differenzierter auszudrücken. Menschen reden zum Vergnügen, aber auch um Probleme zu lösen und Wünsche zu äußern. Wir fühlen uns großartig, wenn uns jemand wirklich versteht. Und wir sind todunglücklich, wenn wir mit geliebten Menschen im Streit liegen oder die Kommunikation blockiert scheint.

> »Wir drehen uns ständig im Kreis. Keiner versteht den Standpunkt des anderen.«

> »Wir haben versucht, darüber zu sprechen, aber es endete unweigerlich in einem Riesenkrach.«

> »Manchmal war es einfacher, das Thema zu meiden. Doch die Probleme tauchten immer wieder auf.«

Paare mit Partnerproblemen stellen häufig fest, dass sie im Gespräch nicht vorankommen, sondern sich im Kreis bewegen. Nach einer Weile beginnen sie, die schwierigen Themen auszuklammern, um die Situation nicht zu verschlimmern. Doch damit entfernen sie sich nur noch mehr voneinander. Wer fürchtet, durch offenes Anvisieren von Problemen seine Beziehung zu gefährden, irrt: Schwierigkeiten tragen dazu bei, dass sich eine Partnerschaft weiterentwickelt. Je besser Sie Konflikte zu lösen verstehen, desto mehr wächst das Vertrauen und die Lebensfreude. Es ist ein Handwerk, das jeder erlernen kann.

Wenn Bedürfnisse aufeinander prallen

Erst bei Einbruch der Dunkelheit reißt David sich endlich vom Schreibtisch im Büro los. Er nimmt einen dicken Packen von Papieren mit, den er abends noch abarbeiten will. Auf dem Parkplatz stellt er entsetzt fest, dass jemand die hintere Stoßstange seines Autos verbeult hat. Auf dem Heimweg behindern ihn Verkehrsstaus und Regen. Zu Hause angekommen, stolpert er im Dunkeln über ein Skateboard, lässt die Unterlagen fallen, liest sie laut fluchend aus dem nassen Gras wieder auf und sucht mit der freien Hand nach dem Haustürschlüssel in seiner Tasche. Indessen versucht Susanne, drei Sorten Gemüse und ein ziemlich zähes Fleisch gleichzeitig gar auf den Tisch zu zaubern. In der Küche riecht es nach angebranntem Pudding, drei zankende kleine Kinder stehen ihr weinend und schreiend im Weg. Nun unsere Frage: Wie wird wohl der Abend dieser Familie aussehen?

Bei diesem Paar prallen die Bedürfnisse aufeinander. Beide leiden unter einem gewaltigen Defizit an Ruhe, Erholung, Aufmerksamkeit, Unterstützung und Anerkennung. Aber all das steht auch heute nicht auf dem Programm. Höchstwahrscheinlich wird der Abend unter dem Motto stehen: Wessen Tag war härter?

Es braucht nur ein bisschen Planung, um dem zu entrinnen. Vielleicht ist es ein Urlaub, was den beiden fehlt. Oder einmal wöchentlich ein Babysitter, um einen Abend zu zweit verbringen zu können. Womöglich sollte Susanne arbeiten und David zu Hause bei den Kindern bleiben. Oder sie sollten nach Samoa umziehen ...

Zunächst aber ist Erste Hilfe angesagt. Diese besteht in kleinen Veränderungen, bei denen jeder ein wenig gibt und ein wenig nimmt. Das lädt erschöpfte Energiebatterien wieder auf. David kann Susanne zum Beispiel in der Küche helfen, sie ihm nach dem Essen den Rücken massieren. Als erstes jedoch müssen sie herausfinden, welches ihre Bedürfnisse sind, und darüber reden.

Schenken Sie Ihren Gefühlen Gehör

Gefühle sind unverstellter Ausdruck dessen, was der Mensch hier und heute braucht. Es gibt nicht mehr als vier Grundgefühle. Jedes will eine andere Reaktion bewirken:

1 Wenn Sie zornig sind, brauchen Sie mehr Luft oder das Gefühl, ernst genommen zu werden.

2 Wenn Sie traurig sind, brauchen Sie Kontakt, Fürsorge und Rücksichtnahme.

3 Wenn Sie verängstigt sind, müssen Sie Ihr Tempo verlangsamen, über Ihre Ängste sprechen und Pläne auch für den schlimmsten aller Fälle entwerfen.

4 Wenn Sie glücklich sind, haben Sie kein Problem. Lachen, tanzen und singen Sie!

Fragen Sie also, bevor Sie handeln. Es ist sinnlos, den Partner zu umarmen, wenn er gerade wütend ist. Er wird sich bedrängt fühlen und erst recht in Rage geraten. Ebenso wenig ist es angebracht, mit den Kindern in den Park zu gehen, wenn der Partner sich traurig und einsam fühlt. Er wird sich noch stärker vernachlässigt vorkommen.

Erkundigen Sie sich nach den Gefühlen und Wünschen Ihres Partners. Und teilen Sie ihm umgekehrt Ihre Bedürfnisse mit. Es findet sich immer irgendeine Lösung.

Muster, die immer wiederkehren

Paare verfangen sich leicht in einem Muster. Mehr noch: Sie werden nach einer Weile bemerken, dass ein und dasselbe Muster immerzu wiederkehrt. Wir nennen dies den »Sehnsuchtswalzer«: Sie kreisen und kreisen und nichts passiert.

Praktischer Schritt 11:

Die Schritte Ihres »Sehnsuchtswalzers« oder »Wie es kommt, dass Ihre Wünsche sich nie dann erfüllen, wenn Sie es erhoffen?«

Versuchen Sie, den folgenden Fragebogen auf dem Papier oder im Kopf auszufüllen:

1. Was wünschen Sie sich im Augenblick am meisten von Ihrem Partner?

Zeit zum Zuhören, mehr Zuneigung, Wertschätzung, mehr Spielraum, intensiven Kontakt und Bestätigung, Sicherheit, Gespräche über die Kinder, über die Zukunftsplanung, über die Finanzen, mehr körperliche Liebe, mehr Spaß miteinander, mehr Zeit ohne Kinder / mit Kindern. (Kreisen Sie eine oder zwei Antworten ein, oder ergänzen Sie eigene Wünsche)

2. Wie gehen Sie vor, wenn Sie diesen Wunsch zwar verspüren (und Ihr Partner zugegen ist), Sie ihn aber nicht offen aussprechen?

Fangen Sie zum Beispiel einen Streit an? Jammern Sie darüber, wie schlecht Sie sich fühlen, oder über andere Dinge? Schmollen Sie stumm vor sich hin? Spielen Sie Märtyrer und putzen die ganze Nacht lang die Fenster? Oder geben Sie dem anderen, was Sie im Grunde selbst gern hätten?

3. Wie gehen Sie vor, wenn Sie Ihre Bitte offen aussprechen? So, dass die Reaktion eigentlich gar nicht positiv ausfallen kann?

Sind Sie beispielsweise sarkastisch? Bitten Sie fordernd, mit einem kritischen Unterton oder weinerlich? Setzen Sie die Forderung zu hoch an oder wählen Sie den falschen Zeitpunkt?

4. Wie reagiert Ihr Partner gewöhnlich?

5. Wie sieht Ihr Gegenangriff aus?

6. Wie endet die Situation in der Regel?

Kommt es zum Beispiel zu Streit mit anschließender Versöhnung, zu Streit und Distanzierung oder zu Distanzierung ohne Streit? Schütteln Sie den Ärger ab, fühlen sich aber deprimiert? Kommt es zu Trennungsdrohungen oder zu einem späteren Zeitpunkt zu sexueller Verweigerung? Treten physische Symptome auf?

7. Und zu guter Letzt: Durch welchen Ihrer beiden Elternteile haben Sie gelernt, sich so zu verhalten?

Wenn Sie diesen Fragebogen ausgefüllt haben, dann halten Sie mit ziemlicher Sicherheit einige Anhaltspunkte für mögliche Veränderungen in der Hand.

Der »kompromisslose« Weg zu mehr Erfüllung

Wozu kann man einem Paar raten, das sich zwar liebt, aber höchst unterschiedliche Lebensziele verfolgt? Was tun, wenn beider Wünsche und Bedürfnisse in Konflikt geraten? Soll man sich auf halber Strecke treffen? Soll einer klein beigeben? Die Antwort lautet: »Weder noch.« Bei gewichtigen Angelegenheiten sind Kompromisse nicht zu empfehlen, denn dies weckt unweigerlich Unmut.

Es gibt eine subtilere und wirkungsvollere Methode, unter einen Hut zu bringen, was unvereinbar erscheint. Wir bezeichnen sie als den »kompromisslosen Weg zu mehr Erfüllung«.

Unsere Wünsche sind häufig vorübergehender Natur und aus der Situation heraus geboren. Mitten im Winter könnte es Sie heftig danach verlangen, in den Süden umzuziehen – dabei bräuchten Sie vielleicht endlich nur einen warmen Mantel. Es kann Zeiten geben, in denen Sie an Scheidung denken, aber Ihnen bloß das lang ersehnte Angelwochenende fehlt. Weil unsere Wünsche vergänglich und augenblicklichen Gegebenheiten verhaftet sind, müssen wir unsere Ziele schrittweise verwirklichen.

Weit sinnvoller als Streiten über Endziele ist es daher, für den Tag zu leben, seine Wünsche auszudrücken und kleine Schritte hin zu ihrer Erfüllung zu machen. Haben Sie Vertrauen und gönnen Sie Ihrem Partner denselben Spielraum. Verwirrt? Hier ist ein Beispiel:

Jan und Petra sind jetzt Ende Vierzig. Jan hätte gern ein hübsches Haus und ein kleines Stück Land. Er will endlich Wurzeln schlagen, will wissen, wo er hingehört. Und er will Spargel anbauen. Seine Frau Petra möchte gern auf Weltreise gehen, eine Südseekreuzfahrt unternehmen und in New Orleans Bourbon trinken. Soll Jan seinen Wunsch aufgeben? Oder soll Petra sich von ihren Träumen verabschieden?

Falls Petra sich Jans Wünschen unterordnet, wird sie noch jahrelang von der verpassten Reise träumen. Sie wird es Jan nachtragen, dass er sie daran »gehindert« hat. Jeder Reiseprospekt wird ihr das Gefühl geben, um ihre Träume betrogen worden zu sein.

Lässt sich andererseits Jan auf die Reise ein, dann wird er jeden ausgegebenen Dollar (»30$ für einen Hamburger, das ist doch nicht dein Ernst!«) zählen und Petra das Leben schwer machen. Noch Jahre später wird er die Immobilienanzeigen durchgehen und Petra vorhalten, welche Häuser sie sich hätten leisten können. Eine schreckliche Vorstellung!

Doch es gibt einen anderen Weg: Beide können versuchen, ihre Wünsche in kleinen Schritten zu erfüllen, und zwar ehrlich und offen und ohne das Gespräch darüber einzustellen. Vielleicht beschafft Petra zunächst Kataloge, die Jan völlig unverbindlich studieren kann. Jan kann Häuser besichtigen und Petra ihn unvoreingenommen begleiten. Dies wird beiden bewusst machen, dass und wie ihre Bedürfnisse und Wünsche schwanken und sich verändern.

Eine genaue Prognose können wir selbstverständlich nicht abgeben. Fest steht jedoch: Sobald jeder Partner einen Teil seines Interesses und Engagements dem anderen zuwendet, findet sich eine Lösung. Petra könnte allein oder mit einer Freundin eine kürzere Reise unternehmen. Oder sie macht ihre Weltreise, und Jan begleitet sie ein Stück oder oder auch nicht. Jan könnte allein für das Haus aufkommen und Petra einen kleinen Betrag beisteuern. Petra mag zwar weiterhin gern ans Reisen denken, doch zunehmend eine Weiterbildung erwägen. Womöglich entschließen sie sich auch, gemeinsam eine kürzere Reise zu unternehmen und ein kleineres Haus zu kaufen. Damit bestünde das Ergebnis in einem Kompromiss, doch wäre der Weg dorthin keiner gewesen! Oder aber Petra merkt in dem Moment, in dem sie frei entscheiden kann, dass sie doch lieber ein Haus besäße, während Jan zu dem Schluss kommt, daß ihm die Reise mehr bringen würde. Dann müssten sie von vorne beginnen ... Eventuell stellen sie fest, dass sie

zwar gute Freunde sind, aber als Paar nicht zueinander passen, und trennen sich. Wenn dem so ist, dann hat es seine Richtigkeit. Solche Erfahrungen gehören zum Leben dazu und sind das Salz in der Suppe. Dieses Vorgehen ist Leuten, die klar vorhersehbare Verhältnisse lieben, nicht ganz geheuer. Aber das Leben ist nun mal kein klarer Fall. Man züchtet auch keinen Baum, indem man nach Plan hier einen Ast und da ein Blatt montiert, sondern man pflanzt, bewässert und schützt ihn, und dann wird er nach seiner Fasson wachsen. Mit Beziehungen verhält es sich ähnlich. Man braucht lediglich ein wenig Vertrauen und Abenteuerlust.

Wie viel liegt Ihnen an Ihrem Wunsch?

Bei geringfügigeren Entscheidungen kann man es sich leichter machen – indem man fragt: Wie wichtig ist mir die Sache? Hans will gern bergwandern, Helena ihre Eltern besuchen. Aber sie besitzen nur ein Auto. Also spielen sie Auktion, wobei jeder für seinen eigenen Wunsch bietet. Hans steigert sich bis auf 75 Prozent, und er würde sich sehr freuen, wenn Helena mitfährt. Helena will heute bloß zu 60 Prozent zu ihren Eltern fahren, solange sie den Besuch innerhalb der nächsten Woche nachholen kann. Und damit fahren beide in die Berge – dieses Mal. Dieses Verfahren setzt allerdings absolute Ehrlichkeit voraus, andernfalls wird's zum Kuhhandel.

Dass man Spiele spielen kann, ohne ehrlich zu sein, ist nichts Neues. Sehr gern spielen Männer wie Frauen so mit der Gefahr.

Tom und Sally wohnen am Strand. Wieder einmal beschließt Tom, als er aufs Meer blickt, mit dem Schlauchboot hinauszufahren – obwohl es sehr windig ist und er schon vom Haus aus die weißen Schaumkronen der Wellen sehen kann. Nun schreitet er aber nicht gleich zur Tat. Denn das wäre zu einfach. Vielmehr setzt er Sally mit einem leicht jungenhaft-trotzigen Tonfall von seinem Vorhaben in Kenntnis. Und wie auf

Befehl erwidert Sally, dass das Meer zu rauh ist. Er widerspricht, sie bleibt stur und er schließlich doch zu Hause, um den ganzen Nachmittag zu schmollen. »Diese verdammten Weiber!«, denkt er sich wahrscheinlich. »Ständig halten sie einen von irgendwelchen Unternehmungen ab!«

Aber Sally durchschaut das Spielchen. Bei Toms nächstem Versuch – es ist wieder ein windiges Wochenende, versteht sich – sagt sie bloß: »Ja, wie du willst.« Tom ist verwirrt: »Es ist ein bisschen rau da draußen« – »Du schaffst das schon, ich schau dir auch zu.« Kurze Zeit später steht Tom brusthoch im eisigen Wasser, kämpft erbittert mit dem kleinen Ruderboot gegen die Wellen an, kommt aber noch nicht einmal über die Uferbrandung hinaus. Er friert, holt sich ein paar Schrammen und wird patschnass. Sally schaut ihm vom Strand aus zu. »Es ist zu rau heute«, mit diesen Worten erklärt Tom schließlich, was ins Auge springt, und zieht das Boot zurück an Land. Sally lächelt nur.

Praktischer Schritt 12: Wieder glücklich werden

Wenn Sie unglücklich sind, dann ...

1 ... nehmen Sie sich erst einmal Zeit für die Frage: Was will ich? Manch einem, der stets weiß, was die anderen wollen, aber selten auf seine eigenen Gefühle hört, fällt die Antwort darauf schwer. Wenn Sie nicht wissen, was Sie wollen, dann versuchen Sie, sich Ärgernisse, Streitigkeiten und Enttäuschungen in Erinnerung zu rufen. Dies verrät Ihnen, was Sie unglücklich macht. Es sagt Ihnen, was Sie nicht wollen. Wenden Sie diese Informationen nun ins Positive, zum Beispiel folgendermaßen:

✗ Wenn Sie sich über Selbstsucht ärgern, dann wollen Sie mehr Anteilnahme.

✗ Wenn Sie sich einsam fühlen, dann wünschen Sie sich Kontakt.

✗ Wenn Sie gehetzt und ständig beschäftigt sind, dann hätten Sie gern Beistand und eine Pause.

2 ... bringen Sie Ihre Wünsche zum Ausdruck. Manchen Menschen fällt dies ungeheuer schwer. Man macht sich verletzbar, wenn man zugibt, dass man etwas wünscht oder braucht, und man riskiert eine Absage. Sprechen Sie in einfachen Worten und einem sanften, angenehmen Tonfall, und wählen Sie den richtigen Augenblick. »Wärst du bitte so gut ...?« Warten Sie die volle Antwort ab. Seien Sie verhandlungsbereit, wenn es darum geht, wer was wann wie und wo erledigt.

»Ich möchte gern ein paar Tage mit meiner Schwester verbringen. Wärst du so gut, währenddessen hier nach dem Rechten zu schauen?« – »Ja, aber könntest du vielleicht in den Schulferien fahren? Das würde mir besser passen.«

Und so weiter und so fort.

3 ... nehmen Sie an, was man Ihnen gibt. Selbst damit tun manche Menschen sich schwer. Man kann beispielsweise gar nicht wahrnehmen, wie wohl einem eine Massage tut, weil man dabei an alles mögliche andere denkt. Man kann eine Mahlzeit einnehmen, ohne zu registrieren, was man isst. Oder von einem freien Abend bedrückt nach Hause hetzen, weil man glaubt, ihn nicht verdient zu haben. Es ist sogar möglich, Komplimente oder Bestätigungen innerlich stets als unwahr abzulehnen. Zeigen Sie guten Willen, und werden Sie ein liebenswürdiger und freimütiger Empfänger.

7 Nähe erstreiten

Warum streiten Paare?

Konflikte gehören zum Leben, ja, sie sind sogar eine wesentliche Voraussetzung für Vertrautheit. Sie sind anders als Ihr Partner, und das gibt Ihrem Leben die Würze. Es wäre furchtbar langweilig, mit seinem identischen Zwilling liiert zu sein. Denn ganz ohne Reibung macht das Leben nun einmal keinen Spaß.

Im Allgemeinen treten Unterschiede schon in den ersten Sekunden des Kennenlernens zutage, und nach einigen Jahren haben Paare eine ganze Kollektion davon. Manche Themen entwickeln sich im Lauf der Jahre geradezu zu explosiven Vulkanherden. Derlei Streitpunkte können die Schwiegereltern sein oder einschneidende Entscheidungen, zum Beispiel darüber, ob man Kinder bekommen, den Beruf oder den Wohnort wechseln soll. Sie mögen die Sicherheit der Kinder betreffen oder auch bloß lästige Marotten wie die Ihres Partners, seine schmutzigen Socken im Badezimmer endzulagern.

Die Zeit vergeht, aber das Reizthema bleibt. Ein Kompromiss scheint nicht in Sicht. Und deshalb bohrt es in einem weiter.

Das ist gewöhnlich ein Anzeichen dafür, dass ein Kampf nötig ist. Unter Kampf verstehen wir weder, dass man handgreiflich oder verletzend wird, noch dass man damit droht. In einer gesunden Paarbeziehung meint Kämpfen beziehungsweise Streiten das plötzliche, oft lautstarke Ausbrechen von Gefühlen und Kundtun einer Meinungsverschiedenheit. Und weil es Gefühle laut und unmissverständlich zum Ausdruck bringt, ist es das Gegenteil einer ruhigen Diskussion. Ein Kampf ist kein Indiz für eine grundsätzliche Beziehungskrise. Er kann vielmehr notwendig sein, um von Apathie verdrängte Nähe wiederherzustellen.

Forschungsergebnisse zeigen, dass von zehn Paaren nur eines niemals streitet. Diesen braven Paaren wünschen wir viel Glück. Sie müssen verdammt friedfertige Menschen sein (oder nicht zu übertreffende Verdrängungskünstler!).

Manche Leute staunen darüber, dass man auch diszipliniert streiten kann. Das ist übrigens nicht nur möglich, sondern sogar unerlässlich. Soll Ihre Ehe halten, dann müssen Sie in der Lage sein, offen und fair zu kämpfen. Und damit sind Methoden wie Handgreiflichkeiten und Einschüchterungsversuche, Beschimpfungen und Beleidigungen generell verboten (mehr dazu weiter hinten in den »Acht Geboten für faires Streiten«).

✔ Fair streiten verlangt, dass Sie Ihre Gefühle ehrlich aussprechen:

> »Wir haben ausgemacht, dass du XY zum Essen einlädst. Und nun hast du's vergessen. Das ärgert mich!«

✔ Das ist ungleich besser als Angriffe auf den Charakter des anderen:

> »Du schwachsinnige, hemmungslose, fettsüchtige Ausgeburt von einem Menschen!«

✔ Fair streiten bedeutet: nicht zurückstecken, nicht davonlaufen, nicht in Tränen oder Wutanfälle ausbrechen, sondern sich klar ausdrücken, zuhören und am Ball bleiben, bis das Problem gelöst ist.

✔ Es bedeutet, dass Sie klar und deutlich sagen, was Sie wollen:

»Wenn du nicht willst, dass sie zum Essen kommen, dann sag es in Gottes Namen, statt mich zum Narren zu halten.«

✔ ... statt den anderen herunterzuputzen:

»Du und deine Familie, ihr seid alle gleich. Keiner von euch hat Mumm in den Knochen. Kein Wunder, dass niemand außer mir dich heiraten wollte!«

Streiten ist eine besondere Situation und verlangt besondere Aufmerksamkeit – nicht allein wegen der heftigen Intensität der Gefühle. Es dient überdies nämlich einem doppelten Zweck: erstens zwischen zwei Menschen versehentlich aufgestellte Barrieren abzubauen und zweitens endlich einer Botschaft Gehör zu verschaffen, die (wegen der Barrieren) auf taube Ohren gestoßen ist.

Diese Nachricht ist häufig sehr positiv, selbst wenn sie sinngemäß lautet: »Du verstehst mich nicht, du denkst nie an mich.« Denn das sagen Sie schließlich, weil Sie sich mehr Verständnis wünschen und die Beziehung es Ihnen wert ist, für sie zu kämpfen. Wäre sie Ihnen gleichgültig, dann gäbe es keinen Grund zu streiten. Sobald sie Ihnen aber am Herzen liegt, wird Streiten notwendig. Die Kombination aus den Unterschieden zwischen Ihnen und Ihrem Partner einerseits und Ihrer beider Nähe andererseits erzeugt Energieströme. Bei ruhigeren Energieströmen sind Diskussionen, Erregtheiten, Geben und Nehmen zu registrieren, bei heftigen Streit. Das Anstauen von Ärger gibt Ihnen den Mut, ungeschminkt auszusprechen, was Sie zuvor nicht zu sagen gewagt haben.

»Ja, ich habe gesagt, dass dein Bruder bei uns wohnen kann. Aber ich hab mich geirrt. Ich mag ihn nicht und auch nicht sein Hauslama. Ich will, dass sie ausziehen, und zwar sofort!«

Streit versetzt Sie auf eine neue, höhere Ebene der Ehrlichkeit. Er lässt Sie Dinge erfahren, die Ihrem Partner nur schwer über die Lippen kommen. Da er freilich auch schieflaufen und ins Destruktive abrutschen kann, ist es für Ihre Beziehung nachgerade lebenswichtig, gut und gefasst streiten zu lernen. Daß Sie streiten müssen, daran führt kein Weg vorbei.

Wenn die Flitterwochen vorbei sind ...

Die Menschen gehen mit ihren Differenzen nicht anders um als mit dem Hausmüll: Manche tragen ihn täglich in kleinen Tüten hinaus, andere sammeln ihn so lange an, bis sie einen Container brauchen. Sie mögen kleine Kämpfe führen oder jahrelang bis zum Ausbruch eines Dritten Weltkriegs warten. Was uns selbst betrifft, so haben wir in den ersten fünfzehn Jahren unseres Zusammenlebens große Auseinandersetzungen austragen müssen – und der Nachbarn wegen daher Wert auf ein Haus mit ausreichend Grund gelegt.

Wie langjährige Paare uns berichtet haben, mussten ihre Ehen eine Streitphase durchstehen. Es scheint der natürliche Lauf der Liebe zu sein, dass die Partner zunächst eine »Flitterwochenzeit« erleben, in der sie einander durch die rosarote Brille sehen, um danach in eine Konfliktphase einzutreten, in der sie den Umgang mit ihren Differenzen lernen müssen. Wenn Sie mindestens einen Konflikt heil überstanden haben, werden Sie sich sicherer und wohler fühlen, denn: Jetzt wissen Sie, dass Sie sich streiten und trotzdem lieben können.

Innere Vertrauensblockaden und wie man sie überwindet

Sie kennen einen Menschen nicht und können in seiner Gegenwart auch nicht Sie selbst sein, ehe Sie mit ihm nicht einige gründliche Auseinandersetzungen ausgetragen haben. Ein junges Paar erfuhr dies auf folgende Weise:

Andreas und Erika hatten seit drei Jahren eine Beziehung. Nach ihren Worten lebten sie so, »wie es sich ergab«, von einem Tag auf den anderen und ohne genauere, langfristige Pläne. Allmählich wurde jedoch die Stimmung gespannt, und sie gingen einander zunehmend auf die Nerven. Nichts schien wirklich gut, aber nichts Wesentliches richtig schlecht – abgesehen von den Kopf- und Rückenschmerzen, die Erika immer häufiger plagten. Eines Tages las Erika in einem Zeitschriftenartikel, Paare sollten streiten, um die Luft zu bereinigen. Sie fragte sich laut, weshalb sie und Andreas nie stritten. Wenig später kamen sie zu uns in die Therapie, und wir fragten sie, wie ihre Eltern mit Auseinandersetzungen umgingen.

In Andreas' Kindheit hatte schlicht niemand gestritten. Er erinnerte sich an lediglich zwei Ereignisse, die sich als »Krach« bezeichnen ließen: Beim einen Mal verließ sein Vater jäh und die Tür knallend das Haus, um nach einigen Stunden heimzukehren, beim anderen Mal fuhr seine Mutter wortlos mit dem Auto davon. Andreas hatte diese unerklärten Ereignisse als furchtbar beunruhigend empfunden. Sein Familienleben glich einem Tanz auf Eiern.

Erika hatte genau gegenteilige Erfahrungen gemacht. In ihrer Familie wurde ununterbrochen gestritten. Brütende Stille und heftige Wutausbrüche wechselten sich ab. Ihre Eltern schienen miteinander nicht glücklich zu sein. Sie ließen das oft an den Kindern aus, schrien sie an und schlugen sie – »gingen hoch«, wie Erika es ausdrückte.

Andreas und Erika hatten daher beide – vor ihrem Erfahrungshintergrund – »gute« Gründe, nicht zu streiten. Gefragt, was sie an einem Streit am meisten ängstige, antwortete Andreas klipp und klar: »Mein Albtraum ist, dass Erika aufsteht und geht – mich für immer verlässt.« Erika konnte es ebenso genau ausdrücken: »Meiner ist, geschlagen und verletzt zu werden und mich bei Andreas nie mehr sicher fühlen zu können.« Bei diesen Worten begann sie zu weinen.

Erika und Andreas konnten sich auf einen Vertrag einigen. Er bestand in folgendem klar und deutlich abgegebenen Versprechen und berücksichtigte beider Ängste:

1 Keiner von beiden würde bei einem Streit das Haus verlassen. Bei zu starker Angst oder Aufregung sollte es aber erlaubt sein, in ein anderes Zimmer zu gehen.

2 Keiner von beiden würde während eines Streits den anderen anfassen, ja, nicht einmal auf ihn zugehen.

Auf unseren Vorschlag hin vereinbarten sie ferner, sechs Monate zusammenzubleiben, egal was passieren würde. Bis zum Ablauf dieser Frist würde keiner ausziehen oder sich auf eine andere Liebschaft einlassen.

Erika und Andreas sprachen einander den Vertrag laut vor. Damit gingen sie erstmals in ihrer Beziehung eine feste Vereinbarung ein. Und sechs Monate erschienen entsetzlich lang.

Zunächst wirkte der Schritt sich entspannend aus. »Nach diesem Therapiegespräch waren wir erschöpft, aber glücklich, fuhren nach Hause und gingen ins Bett«, erzählte Erika. Tags darauf jedoch geschah etwas: Erika meckerte Andreas an, weil er irgendetwas falsch gemacht hatte. Andreas verteidigte sich, und da kochte der Topf endlich über! Unterdrückter Groll, alte Missverständnisse, Verletztheiten und Unzufriedenheiten brodelten nur so hervor. Andreas erzählte später: »Ich konnte kaum glauben, mit welcher Urgewalt und Lautstärke die Worte aus mir herausbrachen, wie ein Orkan. Ich zitterte, aber irgendwie hatte ich mich doch unter Kontrolle. Ich wollte eine Tür öffnen, aber sie klemmte, weil sie nicht richtig in den Angeln saß. Da riss ich die Tür – sie hatte mich schon monatelang geärgert – kurzerhand aus den Angeln. Während der ganzen Zeit stand gleichsam ein Teil von mir neben mir und beobachtete mit amüsiertem Erstaunen meinen Ausbruch, sodass ich mich noch unter Kontrolle und an die Regeln halten konnte.« Erika war zwar sehr erschrocken, aber vor allem wütend. Deshalb hielt sie die Stellung. Sie schrie Andreas an und verklickerte ihm eine Menge ehrlicher und interessanter Sachen, bis beiden die Energie ausging, sie nach Luft schnappten, in Lachen ausbrachen und schließlich ... dreimal dürfen Sie raten.

Praktischer Schritt 13:
Wie man den richtigen Therapeuten findet

Es gibt wunderbare und entsetzliche Therapeuten. Es gibt solche, die für den einen gut sind und für den anderen nicht. Die Stärke der einen ist es, Paaren bei der Trennung zu helfen, der anderen, Partnern das Zusammenbleiben zu ermöglichen. Wenn Sie sich Ihrer Beziehung zuliebe an eine Therapeutin/einen Therapeuten wenden wollen, dann sollten Sie folgende Auswahlkriterien beachten:

1. Wählen Sie jemanden mit viel Erfahrung.

2. Wählen Sie jemanden, der mindestens so alt ist wie Sie, vorzugsweise noch älter.

3. Der Therapeut/die Therapeutin sollte aus eigener Erfahrung wissen, wie es ist, eine Paarbeziehung zu führen und aufrechtzuerhalten.

4. Er/sie sollte distanziert und überlegt genug sein, um Ihnen nicht seine/ihre Lösungen aufzudrängen, sondern Sie dazu anzuleiten, Ihren eigenen Weg zu finden.

5. Er/sie sollte das gleiche Maß an Verständnis für Männer wie für Frauen aufbringen.

6. Versuchen Sie möglichst ein Therapeutenpaar zu finden oder ein Team aus weiblichen und männlichen Kollegen, um besser als Paar beraten werden zu können.

7. Beim richtigen Therapeuten werden Sie sich gut aufgehoben fühlen, auch wenn er es Ihnen nicht immer bequem machen wird. Sie werden sich unterstützt, aber auch zum selbstkritischen Nachdenken gezwungen fühlen.

Die Erfolgsaussichten einer Paartherapie sinken, wenn der Partner nicht daran teilnimmt. Meist sind es die Männer, die sich mit diesem Schritt nicht anfreunden können. Das liegt zum Teil daran, dass Therapeuten früher eher frauen- als männerfreundlich waren. Inzwischen aber sind sie in der Regel sehr bemüht, Ansprechpartner sowohl für Frauen wie für Männer zu sein. Folgende Tipps helfen zögernden Partnern auf die Sprünge:

1. Lassen Sie Ihren Partner den Therapeuten aussuchen.

2. Nehmen Sie zugunsten Ihrer Anonymität weitere Wege in Kauf.

3. Nehmen Sie zunächst allein zwei »Schnupperstunden«, um abschätzen zu können, ob Ihr Partner sich wohlfühlen würde.

4. Versichern Sie Ihrem Partner, dass er Vorbehalte äußern und ganz er selbst sein kann.

5. Vereinbaren Sie, sensible Themen aus der Beratung auszuklammern, bis Ihr Partner sich ein Urteil über den Therapeuten gebildet und Ihnen grünes Licht gegeben hat.

Es ist keineswegs sinnlos, allein einen Paar- oder Familientherapeuten aufzusuchen – solange man sich auf sich selbst konzentriert und nicht in Beschwerden und Vorstellungen verliert, wie er/sie sich ändern soll. Ein guter Therapeut wird Ihr Augenmerk darauf lenken, was Sie wie an sich selbst ändern sollten und könnten.

Wie bei Ärzten ist es nie verkehrt, eine zweite Meinung einzuholen. Sie müssen nicht beim erstbesten Therapeuten bleiben; gehen Sie zu einem anderen, wenn Sie nicht zufrieden sind. Fragen Sie Freunde und/oder einen Arzt Ihres Vertrauens, ob sie jemanden empfehlen können.

Was eine gute Therapie leisten kann:

1. Ihnen helfen, Ihre »Geschichte« zu erzählen – zu erzählen, was Sie erlebt haben, wie Sie sich fühlen, was Sie denken, wollen und sich wünschen.

2. Ihnen helfen, der Geschichte Ihres Partners zuzuhören.

3. Ihnen helfen, eine gemeinsame Marschrichtung (was wollen Sie beide ändern?) zu finden.

4. Ihnen helfen, schrittweise Änderungen vorzunehmen und Ihre Fortschritte selbst zu beurteilen.

Guten Paartherapeuten ist daran gelegen, dass beide Partner sich unbefangen und sicher fühlen. Das schließt nicht aus, dass sie ihre Klienten heiße Eisen anfassen lassen, im Gegenteil. Dabei werden sie darauf bestehen, dass Gewaltanwendung und Beleidigungen tabu sind.

Eine Therapie kann ins Geld gehen. Aber eigentlich sollten Paare bereit sein, für ihre Liebe zumindest den Gegenwert eines neuen Rasenmähers springen zu lassen .... Die Investition lohnt allemal. Je nach Fall und Therapeut übernimmt die Krankenkasse einen Teil der Kosten.

Paare müssen lernen, ihre Probleme zu lösen. Daran führt auch die Trennung oder Scheidung nicht vorbei, insbesondere wenn Kinder im Spiel sind. Denn Sie werden weiterhin Kontakt halten, verhandeln, Ihren Standpunkt äußern, den des anderen anhören und für jedes Problem eine Lösung finden müssen. Gute Therapeuten wirken in diesem Prozess als Lehrer und Vermittler.

Wie man ohne Angst streitet

Streiten muss vor allem eine sichere Angelegenheit sein. Sie müssen sich mit Ihren berechtigten wie eingebildeten Ängsten auseinander setzen, ehe Sie anfangen können zu streiten. Andreas und Erika setzten zwei menschliche Urängste zu: die Angst vor dem Verlassenwerden und die Angst vor Gewaltanwendung. Beides lernen wir in frühester Kindheit als (für ein kleines Kind fürwahr) lebensbedrohlich zu fürchten. Es ist nicht unwahrscheinlich, dass Sie eine oder beide dieser Ängste teilen. Vielleicht leiden Sie auch an Ihren ganz individuellen Ängsten. Wie dem auch sei: Über Ängste kann man sprechen, und man kann mit Hilfe von Rückversicherungen und Vereinbarungen lernen, mit ihnen umzugehen. Sobald man das Befürchtete (durch Abkommen mit dem Partner) verlässlich ausschließen kann, ist Streiten nicht viel mehr als Lärm um seine Gefühle und die Feststellung: »Ich bin wichtig!«

J. WRIGHT

Streiten bringt Sorgen und Bedürfnisse ans Tageslicht, die sich – da »ausgepackt« – angehen lassen. Sie lernen Dinge über sich, die Ihnen nicht bewusst waren. Streiten gibt Gelegenheit, sich zu ändern, zu geben und zu nehmen.

Hüten Sie sich, Versprechen in der Manier guter Neujahrsvorsätze zu geben. Wenn Sie versprechen, sich zu ändern, dann für überschaubare befristete Zeiträume (eine Woche, einen Monat, ein Jahr). Denn Verlass ist nur auf realistische Zielsetzungen. Vage reuige Versprechen à la »Ab heute wird alles anders« reichen insbesondere nicht, wenn jemand zu Gewalt neigt, Alkoholiker, Spieler oder von Drogen abhängig ist. Dann braucht es den Zusatz, welche praktische Hilfe hinzugezogen werden soll. Verträge allein genügen bei Alkoholismus, Spielsucht und wiederholter Gewaltanwendung nicht. Ohne professionelle Hilfe werden sie im seltensten Fall eingehalten. Erfreulicherweise gibt es heute sehr viele Einrichtungen, die Betroffenen helfen, mit solchen und ähnlichen Problemen fertig zu werden.

Sie können sich per Abkommen alles mögliche zusichern: sexuelle Treue, Verzicht auf Gewalt, unriskantes Autofahren, feste abendliche Heimkehrzeiten, eine Mindestdauer Ihrer Beziehung .... Sagen Sie nichts zu, das Sie nicht einhalten können und/oder wollen. Verstößt Ihr Partner gegen einen dieser »Verträge«, dann hat er zu viel versprochen. Lassen Sie sich auf Abkommen zum selben Thema ein zweites Mal nur ein, wenn Modifikationen die Ursachen der ersten Enttäuschung berücksichtigen. Bricht Ihr Partner den Vertrag ein drittes Mal, so lügt er Sie ohne jeden Zweifel an. Beziehungen, in denen das geschieht, sind so gut wie keine Chancen zu geben.

Die »acht Gebote« für faires Streiten

Jeder Streit hat seine Regeln und Rituale. Denken Sie daran, wie Kinder auf dem Pausenhof streiten. Sie schimpfen wie die Kesselflicker, blecken die Zähne und strecken die Zunge heraus, sie pflanzen sich Brust an Brust auf und fangen an, sich zu schubsen, und schließlich (wenn alles andere nicht wirkt) gibt's ein bisschen Dresche. Dann kommt der Lehrer, und alles ist vorbei.

Auch unter Erwachsenen geraten Auseinandersetzungen nie völlig außer Kontrolle. Selbst in gewalttätigen und scheinbar chaotischen Familien folgen sie bestimmten Regeln.

Hier sind die besten Streitregeln, die uns bislang untergekommen sind.

Ken und Elizabeth Mellor haben diese »acht Gebote« entwickelt und erprobt.

1 Bleiben Sie bei der Sache. Vergessen Sie nicht, wofür und warum Sie streiten. Kommen Sie nicht auf andere Themen (»letztes Jahr ..., deine Mutter ..., deine ganze Familie ...«) zu sprechen.

2 Werden Sie nie beleidigend. Verzichten Sie auf Schimpfworte. (Indem Sie jemanden mit Schmähworten belegen oder abschätzig charakterisieren, programmieren Sie ihn darauf, so zu werden, wie Sie ihm vorwerfen zu sein.) Beschränken Sie sich auf Formulierungen wie »Ich finde ..., wenn du ...«. Sie dürfen laut werden, spitzfindig, aufzählend oder peinlich genau – aber niemals beleidigend. Wenn Klienten sagen: »Ich kann's nicht verhindern, es bricht einfach aus mir heraus«, dann lautet unsere Standardantwort: »Das ist nicht wahr. Es ist Ihr Mund, und Sie können kontrollieren, was aus ihm herauskommt.«

---

3 Machen Sie negative Gefühle nicht zu Dauerzuständen. Bleiben Sie in der Gegenwart, wenn Sie Ihren Gefühlen Luft machen:»In diesem Augenblick hasse ich dich!«, »Genau jetzt vertraue ich dir nicht!« Bedenken Sie, wie Kinder streiten. Sie machen heftige, absolut klingende Aussagen, und im nächsten Moment herrscht wie nach einem Sommergewitter wieder eitel Sonnenschein. Kinder kennen das Geheimnis: Was man aus sich herauslässt, verpufft schnell.

Der Trick besteht darin, pauschale Behauptungen und Worte wie »nie« und »immer« zu vermeiden. Laufen Sie nicht davon, spielen Sie nicht die beleidigte Leberwurst, und versuchen Sie nicht, Ihren Partner durch Schweigen zu »bestrafen«. Wenn Sie ein Problem haben, dann packen Sie es an.

4 Vereinbaren Sie ein Pausensignal. Manchmal übersteigt ein Streit die momentanen Kapazitäten: Er wird zu anstrengend, zu bedrohlich oder zu erschütternd. Oder es ist bloß der falsche Zeitpunkt. Machen Sie ein Zeichen aus, mit dem jeder sofortigen Einhalt gebieten kann. (Ein uns bekanntes Paar benutzte einen »Stop-Hut«. Der Hut hing immer auf dem Garderobenständer im Flur, und jeder konnte ihn aufsetzen, wenn er eine Pause brauchte. Sie mögen lachen, aber es funktionierte.) Eine Streitunterbrechung kann interessante Folgen haben. Sie hängen zwar erst ein wenig in der Luft, aber danach können Sie in Ruhe aussortieren, welches Ihr ureigener »Müll« ist und welches das wirkliche Problem. Falls nötig, können Sie den Streit später fortsetzen, aber Sie werden leichte Änderungen feststellen. Gesteht man es sich ehrlich ein, dann ist oft wenig später (zum Beispiel nach einem Arbeitstag) der Rauch verflogen. Und nur weil man den Partner nicht so einfach davonkommen lassen will, versucht man mühsam, den Brand erneut zu legen ....

Anders als Verträge und Verpflichtungen sind Gefühle launenhaft und unbeständig, also halten Sie sie nicht zwanghaft fest. Ich liebe dich, ich hasse dich, dieses Wechselbad der Gefühle ist in der Liebe durchaus normal.

5 Unternehmen Sie in Streitpausen etwas Angenehmes. Haben Sie einen Streit wie soeben beschrieben unterbrochen, dann tun Sie etwas, was Ihnen gewöhnlich auch allein Spaß macht: ins Kino oder schwimmen gehen, eine gute Tafel Schokolade essen oder was auch immer. Dies mag Ihnen zunächst ein wenig schwer fallen, weil Sie nicht in der »richtigen Stimmung« sind. Aber genau darin liegt der Sinn: Wenn Sie einer angenehmen Beschäftigung nachgehen, solange Ihre Erregung noch anhält, werden Sie schneller erkennen, über welche Themen Sie hinweg sind, welche nur Sie und nicht Ihren Partner betreffen und welche Punkte Sie tatsächlich an Ihrem Partner stören.

6 Gehen Sie keine faulen Kompromisse ein, doch bleiben Sie flexibel. Manchmal ändern Ihre Gefühle sich im Verlauf des Streits, und Sie sind bereit, zu geben und zu nehmen. Andere Male aber mag Ihre innere Stimme Ihnen sagen, dass Sie an Ihrem Standpunkt festhalten müssen – nicht aus Stolz, sondern um sich selbst treu zu bleiben. Kompromisse zahlen sich nicht aus. Sie nähren Unzufriedenheit und führen meist dazu, dass man sein ungutes Gefühl für kommende Gelegenheiten aufspart. Es ist besser, monatelang an einer Sache zu arbeiten und allmählich eine Lösung zu finden, als klein beizugeben mit dem Gefühl, sich selbst untreu zu werden.

Zugleich sollten Sie jedoch eigene Fehler eingestehen und faire Kritik annehmen. Begreifen Sie dies als großartige Chance, mehr über sich selbst und Ihre Wirkung auf die Umwelt zu erfahren. Also »vergelten« Sie, was man Ihnen entgegenbringt: Seien Sie so freundlich und nach Möglichkeit versöhnlich, wie Sie es vom anderen gern hätten.

7 Akzeptieren Sie das Heute, und vergessen Sie, was gestern war. Die Vergangenheit kann man nicht ungeschehen machen. Zuweilen kann man nicht umhin, auf Vergangenes zurückzugreifen, um seine Einstellung und Gefühle deutlich zu machen. Dann aber sollte man sich wieder der Gegenwart zuwenden.

»Das hast du an Vaters Beerdigung auch getan. Du wolltest mir vorschreiben, was ich anziehe, und das ging mir schwer gegen den Strich. Es war das Letzte, was ich gebrauchen konnte.«

»Aber du warst ...«

»Ich wollte dir nur sagen, dass ich das nicht gebrauchen konnte!«

»Okay, ich wollte bloß helfen.«

»Es wär hilfreicher, wenn du jetzt die Kinder anziehen würdest!«

»In Ordnung.«

Kehren Sie von der Vergangenheit immer zurück in die Gegenwart, und überlegen Sie, wie sich das Problem heute lösen läßt. Die Gegenwart ist die einzige Zeit, die zählt.

8 Vergessen Sie nicht, dass das Ziel eines jeden Streits mehr Nähe ist. In einer engen Beziehung dient Streit letztendlich einzig dazu, klar Schiff zu machen. Er will Hindernisse beseitigen, die dem freien Fluss der Energien und der Kommunikation im Weg liegen. »Richtig streiten«

> verhilft Ihnen zu einem klaren Urteilsvermögen und zu
> Aufgeschlossenheit für neue Möglichkeiten.

Nach Regeln streiten bedeutet den endgültigen Abschied von uralten Ausflüchten, mit denen sich viele Menschen immer noch
herausreden:

> »Ich wusste mir nicht zu helfen!« (Ich bin für meine Handlun-
> gen nur verantwortlich, wenn es mir gut geht.)

> »Er hat mich dazu gebracht!« (Dem anderen die Schuld
> geben, indem man ihn für das eigene Fehlverhalten verant-
> wortlich macht.)

> »Ich habe einfach die Kontrolle über das, was über meine Lip-
> pen kam, verloren!« (Kaum zu glauben, aber durchaus üblich:
> sich mit einem bösen Dämon entschuldigen!)

Streiten ist eine Wahl, die Sie mit dem Ziel treffen, mehr Nähe
herzustellen. Um »richtig« zu streiten, müssen Sie lernen, dass es
möglich ist, sich emotional heftig zu verhalten, ohne deshalb destruktiv zu sein. Sie müssen lernen, wütend und trotzdem Herr
Ihrer selbst zu sein. Und wenn Sie ahnen, dass Sie drauf und dran
sind, die Kontrolle zu verlieren, dann entschuldigen Sie sich, gehen in ein anderes Zimmer und kühlen sich ab. Indem Sie sich
eine »Auszeit« verordnen, können Sie Ihre Gefühle im Zaum halten, um nach der Pause die Diskussion wieder aufzunehmen. Je
zielstrebiger und bedachter Sie solch extreme Gefühlswallungen
handhaben lernen, desto seltener werden Sie (was übrigens eine
Folge von Angst ist) die Kontrolle verlieren.

Sie werden feststellen, dass es Lösungen gibt und dass Sie Gehör finden. Werden Sie unbedingt aber auch offen dafür, Neues
über sich selbst zu erfahren. Dass ein Streit erfolgreich abge-
schlossen ist, werden Sie daran bemerken, daß Sie und Ihr Partner entspannter und aufrichtiger miteinander umgehen.

Streiten im Beisein von Kindern?

Es schadet Kindern nicht, wenn Eltern in ihrer Anwesenheit streiten – vorausgesetzt, niemand muss sich der Art des Streitens schämen. Sie dürfen laut sein, ausdrucksstark, wütend und unverhohlen direkt, aber nie und nimmer destruktiv und verletzend. Sagen und tun Sie nur, worauf Sie später stolz sein können. Wenn Sie sich an manche Streitszenen nur betreten erinnern, dann wahrscheinlich deshalb, weil es dabei zu destruktiven Aussagen oder Verhaltensweisen kam.

Streit zwischen Erwachsenen wird Kindern stets etwas unangenehm sein, aber er ist ungleich besser als brütendes Schweigen. Wer sich der Bedürfnisse der Kinder bewusst ist, wird seinen Ärger nicht hemmungslos ausleben, sondern auch im Streit lösungsorientiert bleiben.

Inwieweit man Kinder in Auseinandersetzungen verwickeln darf, ist eine genauer zu erörternde Frage. Wir meinen, dass man Kindern bei geringfügigen Kontroversen – und das ist die Mehrzahl der Fälle – sagen sollte: »Wir kriegen das schon hin, mischt euch bitte nicht ein. Es ist nicht euer Problem.« Will ein Kind helfend eingreifen, dann müssen ihm beide Eltern erklären, dass dieses Problem nichts mit ihm zu tun hat und dass sie es auf gute Art und Weise lösen werden. Indem Ihre Kinder Sie beobachten, werden sie lernen, wie Erwachsene Konflikte, die zwischen Menschen nun einmal entstehen, befriedigend beilegen können.

Ernste, langfristige Debatten über Arbeit, Wohnsituation, Sexualität, Geldsorgen, Ehekrisen und andere Fragen des Erwachsenendaseins sollten geführt werden, wenn die Kinder nicht zugegen sind. Kinder sind für derartige Themen noch nicht gerüstet und werden wahrscheinlich so manches falsch auffassen. Sie sollten Ihre Kinder mit diesen Fragen so lange verschonen, bis sie alt genug sind. (Dann jedoch dürfen Sie durchaus die Meinung der Kinder einholen.) Vermeiden Sie in ernsthaften Angelegenheiten jähe heftige Reaktionen, wenn Ihre Kinder anwesend oder sichtbar bekümmert sind.

Praktischer Schritt 14:
Wenn's im Gebälk knirscht – Erste Hilfe bei Ehekrisen

Die meisten Ehepaare machen Zeiten durch, in denen ihnen ihre Beziehung sinn- und hoffnungslos erscheint. Dieses Buch wird Sie schwerlich vollkommen vor Krisen bewahren können, aber es will Dauer und Pein dieser Phasen reduzieren helfen. Folgende Ratschläge bieten wir Ihnen bescheiden als Erste-Hilfe-Maßnahmen an. Vielleicht können Sie mit Hilfe des einen oder anderen Vorschlags Ihren Schmerz lindern, Ihre Lage besser verstehen und neue Perspektiven ausfindig machen.

1 Schreiben Sie alles auf. Listen Sie beide alles auf, was Sie unglücklich macht und welche Veränderungen Sie sich wünschen. Vergleichen Sie dann Ihre Listen. Das gibt Ihnen einen Ansatzpunkt für ein Gespräch.

2 Nehmen Sie sich Zeit für Gespräche. Lange Autofahrten können sich dafür anbieten oder zu zweit auszugehen. Lassen Sie sich nicht vom »nachholenden Streiten« beunruhigen. Das sind jene Auseinandersetzungen, zu denen Sie über all den anderen Dingen nicht gekommen sind. Und kaum nimmt man sich frei, platzen die aufgestauten Beschwerden aus einem heraus. Arbeiten Sie sie ab, um ans andere Ende des Tunnels zu gelangen.

3 Nehmen Sie gelegentlich Abstand. Manchmal braucht man einfach eine ordentliche Verschnaufpause und etwas Frieden, bevor man mit dem Partner sprechen kann. Das lässt Sie wunde Punkte und Wünsche klarer sehen. Dadurch verhalten Sie sich weniger emotional und können Initiativen ergreifen, statt bloß zu reagieren.

4 Beziehen Sie Position. Die beste Position ist diese: »Ich will glücklich sein. Und ich will, dass auch du glücklich bist. Wie können wir beide das erreichen?«

5 Pflegen Sie sich. Gehen Sie gut mit sich um, auch – nein: gerade! – wenn Sie sich hundsmiserabel fühlen. Gönnen Sie sich gesundes Essen, genügend Schlaf und Dinge, die Ihnen normalerweise gefallen. Gehen Sie zum Beispiel in ein Restaurant. Oder sehen Sie sich einen Video- oder Kinofilm an, aber achten Sie darauf, dass er lustig oder anregend ist (nach manchen Filmen fühlt man sich schlechter als vorher).

6 Suchen Sie Beistand. Sprechen Sie mit erfahrenen Freunden, oder sehen Sie sich nach einem geeigneten Vermittler oder guten Therapeuten (siehe Praktischer Schritt 13) um.

Ein kleines Schlußplädoyer für den Streit

Fair streiten kann unbestritten nur, wer ausreichend Geschick, Reife und Selbstbeherrschung mitbringt. Die allermeisten wissen aus eigener Erfahrung, wie schrecklich es ist, wenn ein Streit zwischen zwei Menschen, die einander sehr nahestehen, jählings eskaliert: Unversehens rühren oberflächliche Differenzen an unbemerkt tief im Innern entstandene Konfliktherde, die Stichflamme macht husch! – und schon ist ein Flächenbrand ausgebrochen. Kinder, Heim, Karriere, eine innige Partnerschaft ... alles, wofür man sich eingesetzt hat, scheint zu Asche zu zerfallen.

Eben wegen dieses Engagements – der gewaltigen Investition von Gefühlen in die Liebe zu einem anderen Menschen – müssen wir lernen, richtig zu streiten. Es ist unnötig, Risiken einzugehen. Betrachten und behandeln Sie Streitigkeiten als vorübergehend. Diskutieren Sie über langfristige Entscheidungen und

Veränderungen bei ruhigeren Gelegenheiten. Seien Sie nicht länger kindisch, sondern lernen Sie handeln und kämpfen mit der konstruktiven Leidenschaft, die erwachsenen Beziehungen ansteht.

Faires Streiten wird Ihnen in vielerlei Hinsicht gut bekommen. Die Sicherheit Ihrer Familie wird davon profitieren, daß keine versteckten Zeitbomben mehr ticken. Sie selbst werden sich befreit und frisch belebt fühlen, wenn Sie Energien und Gefühle, die Ihrer Liebe im Weg stehen, abgeschüttelt haben. Faires Streiten verhilft Ihnen zu klaren Verhältnissen auf einer höheren Ebene und dem Bewußtsein, daß Sie und Ihr Partner zwei individuelle und eigenständige, aber herzlich und aufrichtig verbundene Menschen sind. Es unterzieht Ihre Beziehung einem gründlichen Frühjahrsputz.

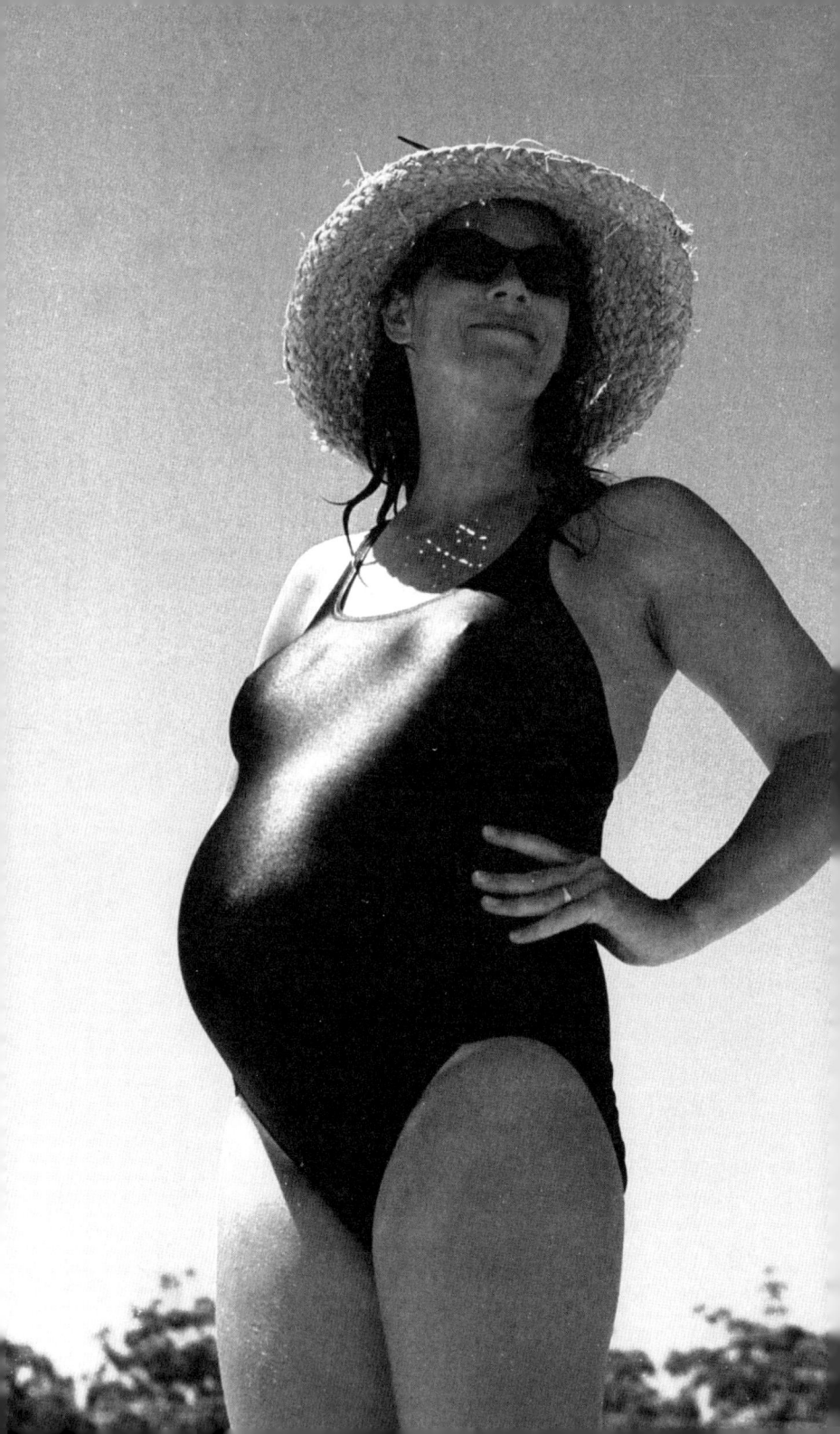

Nicht mehr allein: Wenn die Kinder kommen

8

Sie: »Tja, und dann gibt's noch Angie. Sie ist erstaunlich selbstständig für eine Sechsjährige. Sie weiß genau, was sie will, und ist rotzfrech. Ich rede mir mit ihr den Mund fusselig, denn sie diskutiert über jedes Detail.«

Wir: »Klingt nach einem sehr intelligenten Kind.«

Sie: »Oh ja, das ist sie.«

Wir: »An wen erinnert sie Sie?«

Sie: »Wie bitte?«

Wir: »Kennen Sie jemanden, der so ist wie Angie?«

Sie: »Wie? Oh ...« (Gleichzeitig lächelnd und seufzend:)
»... Es ist wohl nicht zu übersehen, oder?«

Wir: »Was ist nicht zu übersehen?«

Sie: »Nun, sie ist wie ich!«

Wie Ihre Kinder Sie erziehen

Ihre Beziehung läuft prima, und das Leben plätschert dahin wie ein friedvoller Bach im warmen Sonnenschein. Das lässt Sie Mut schöpfen: Sie beschließen, ins kalte Wasser zu springen und eine Familie zu gründen. Und schon finden Sie sich in einer Nussschale auf den Niagarafällen wieder.

Mit uns selbst im Reinen sind wir meist noch lange nicht, wenn unsere Babys das Licht der Welt erblicken. Vielmehr scheinen kleine Kinder unsere verborgensten Schwachpunkte aufzuspüren und den Psychopathen in uns hervorzukehren. Wenn Menschen Kinder bekommen, verändern sie sich beinahe schlagartig. Sie werden heimgesucht von den unterschiedlichsten Gefühlen und Unsicherheiten, während sie versuchen, liebevolle, geduldige und vernünftige Eltern zu sein. Der Grund dafür liegt auf der Hand: Wir waren selbst einmal Kinder, und unsere Kindheit war eine Reise über viele Gräben und Schlaglöcher. Nun reisen unsere Kinder über dieselbe Straße, und die längst vergessenen Schlaglöcher machen uns erneut zu schaffen.

Der eigenen Kindheit einen Besuch abstatten ist wie das Einnehmen einer Medizin: Es tut Ihnen gut, auch wenn es nicht immer den Anschein hat. Kinder bekommen, das schickt Sie auf eine persönliche Entdeckungsreise, die spannend ist, aber auch beängstigend. Kinder aufziehen ist wahrhaftig eine Generalüberholung der eigenen Persönlichkeit. Man kann es gar nicht dick genug unterstreichen: Ihre Kinder werden Sie großziehen.

Verabschieden Sie sich vom Perfektionismus

Das erste, was Kinder uns lehren, ist Demut. Hier können wir mit einer Geschichte dienen:

Jedes Paar, das sein erstes Kind erwartet, will alles perfekt vorbereiten. Wir bildeten da keine Ausnahme, im Gegenteil. Unsere berufliche Erfahrung bestärkte uns nur darin. Shaaron hatte in diversen Krankenhäusern als Schwester gearbeitet, und wir kannten beide aus unserer Praxis Familien, in denen Krankenhausaufenthalte die Eltern-Kind-Beziehung gestört hatten. Krankenhäuser, meinten wir, sind etwas für Kranke und nicht die richtige Umgebung für ein solch normales und intimes Ereignis wie die Geburt. Also machten wir uns an die Vorbereitung zur bestorganisierten Hausgeburt der Geschichte.

Als der Entbindungstermin nahte, standen zwei erprobte Hebammen und ein Arzt auf Abruf bereit, und den Wohnzimmerboden bedeckten die Warenbestände mehrerer kleiner Apotheken. Eines Morgens schließlich platzte Shaarons Fruchtblase, und das Abenteuer begann.

Trotz heftiger Wehen und eines munteren Herzschlags machte unser Kind 36 Stunden später immer noch keine Anstalten, sich bei uns blicken zu lassen. Beide Hebammen

rieten, ein Krankenhaus aufzusuchen. Da wir ihrem Urteilsvermögen vertrauten, begannen wir zu packen. Wir waren
leicht beunruhigt, aber mehr noch enttäuscht. Und vor allem
gaben wir uns nicht geschlagen: Jetzt ging's in die zweite Run-
de! In diesem Gefühl beugten wir uns unserer Bestimmung.

Am nächsten Morgen wurde unser Sohn mit einem Not-
kaiserschnitt unter Epiduralanästhesie entbunden, umgeben
von Fremden und Maschinen, die lebensrettend geworden
waren. Steve war zugegen, um ihn in die Arme zu nehmen. Es
war hart gewesen, auf die uns so kostbare Privatsphäre zu verzichten und anderen die Kontrolle über das Geschehen zu
überlassen. Und wir beide hatten dabei tiefe Traurigkeit und
Angst empfunden. (Durch eine Auseinandersetzung mit einer
unglaublich rüden Krankenschwester mobilisierten wir
jedoch wieder unsere Kräfte. Und Telefongespräche mit Familie und Freunden trugen dazu bei, dass wir schließlich wieder
emotional ins Lot kamen.)

Das Schlimmste aber war, daß Shaaron wegen des langen
Kaiserschnitts darniederlag und nicht wie geplant aktiv die
Rolle einer jungen Mutter spielen konnte. Nun, wir glichen das
mit einem aktiven Vater aus. Wir würden immer noch eine
Hausgeburt vorziehen, aber bei einem großen Vater und einer
kleinen Mutter muss man auf alles gefasst sein.

Für uns, zwei »Profis« auf dem Gebiet Eltern und Kind, war die
Lehre sehr deutlich und sehr erniedrigend: Es läuft nicht immer
nach Plan. Daran ist niemand schuld. Glücklich wird man am
ehesten, wenn man sich in den Lagen des Lebens flexibel zeigt
und das Beste aus ihnen macht.

Recyceln? Macht man das nicht mit Abfall?

Wir alle schleppen unsichtbares Gepäck mit uns herum. Keiner
tritt in einer neutralen Gemütsverfassung, ohne Ängste, Hoff-

nungen und Erwartungen, in das Elterndasein ein. Durch Ihre Kindheit kennen Sie sich mit mindestens einer Erziehungsmethode aus wie ein Experte: mit der Ihrer Eltern. In all jenen prägenden Jahre haben Sie jede Bewegung, jeden Gesichtsausdruck, jede hochgezogene Augenbraue und jedes ärgerliche Stöhnen aufgezeichnet. Diese Daten sind nun in Ihrer Gedächtnisdatenbank gespeichert und warten nur darauf, abgespielt zu werden, sobald jemand auf »Start« drückt. Das geschieht, wenn Sie Kinder bekommen.

Die übliche Erklärung der Teilnehmer von Elternseminaren lautet: »Ich will meine Kinder nicht mit meinen Macken anstecken.« Anders ausgedrückt: »Ich will, dass sie eine andere Kindheit erleben als ich.« Die Leidenschaft, mit der frisch gebackene Eltern sich bemühen, ihre Sache so gut wie möglich zu machen, ist sehr bewegend. Je härter die eigene Kindheit war, desto entschlossener sind sie, es bei ihren kleinen Lieblingen besser zu machen.

Doch irgendwie läuft's trotzdem nicht immer nach Wunsch. Klein-Michael verschmäht den aufwändig zubereiteten Brei, und Anna-Katharina will Mami ein Auge ausstechen. Wir wollten ruhig bleiben, aber wir gehen in die Luft. Wir wollten liebevoll sein, aber wir können nicht mehr. Wir spüren, dass die Kinder unsere Liebe ablehnen, dass sie uns hassen. Und auf einmal sagen und tun wir Dinge, die wir nie für möglich gehalten hätten. Und danach fühlen wir uns noch schlechter.

Zum Glück sind Kinder seelisch robust und können ein paar Entgleisungen verkraften. »Man muss sich schon sehr anstrengen, um ein Kind nachhaltig zu schädigen«, konstatierte die Therapeutin und Jugendarbeiterin Susan Lane. Das heißt nicht, dass Eltern es sich leicht machen dürfen. Aber es besagt, dass man eine zweite Chance bekommt.

Selbst unter Aufwendung sämtlicher Therapiekünste dieser Welt ist es ein Ding der Unmöglichkeit, sich zunächst (also vor dem ersten Kind!) dermaßen zu bessern, dass man die perfekte Mutter/den perfekten Vater abgibt. Sie können es gern versuchen

– aber wahrscheinlich werden Sie darüber zu alt, um noch Nachwuchs in die Welt zu setzen.

Die natürliche Reihenfolge ist eine andere: Die Elternschaft bringt alles mögliche zum Vorschein, und indem man darüber nachdenkt, mit Freunden spricht oder – im Fall ernstlicher Besorgnis – einen Therapeuten aufsucht, begreift man allmählich, was geschieht. »Wie alt ist mein Kind? Wie sah es bei mir in diesem Alter aus?« Diese Frage hilft klären, weshalb Sie sich aufregen. Und das lässt Sie vernünftiger und weniger emotional handeln. Elterliche Selbsterziehung in letzter Sekunde könnte man dieses Verfahren nennen.

Lassen Sie uns das an einem Beispiel verdeutlichen:

In den Siebzigerjahren arbeitete Steve in einer Klinik. Dort betreute er unter anderem eine Familie, deren jüngster Sohn von zu Hause getürmt war. Der vierzehnjährige Ausreißer war eine Woche lang durch die Gegend getrampt, hatte im Freien übernachtet und sich daheim wieder eingestellt, als ihm das Geld ausging. Im Lauf des Gesprächs stellte sich heraus, dass seine beiden Brüder – nun siebzehn und zwanzig Jahre alt – als Vierzehnjährige ebenfalls ausgerissen waren. Der mittlere Sohn hatte sich ganze sechs Monate nicht blicken lassen! Davonlaufen war in dieser Familie offensichtlich Tradition. Es schien eine Art Initiationsritus zu sein.

Steves Chef, ein höchst intuitiver Familientherapeut, fragte den Vater: »Wohin sind Sie ausgerissen, als Sie vierzehn Jahre alt waren?« Der Vater fiel fast vom Stuhl. Ja, nach massiven Auseinandersetzungen mit seinem Vater hatte er als Vierzehnjähriger seinem Zuhause den Rücken gekehrt, und zwar für immer! Er hatte die Erinnerung daran so sehr verdrängt, dass er verwundert fragte: »Was soll das mit heute zu tun haben?« Seine Söhne tauschten ihre Erfahrungen aus. Jeder hatte, als er ungefähr vierzehn Jahre alt war, die ewige Pingeligkeit und Nörgelei des Vaters kaum mehr ertragen können. Und jeder hatte sich gesagt: »Ich muss hier raus!« Nach ihrer Heimkehr schien der Vater ruhiger, und man konnte sich arrangieren.

»Recyceln«, dieser Begriff soll in unserem Zusammenhang dafür stehen, dass Sie an der Seite eines Kindes sämtliche Alters- und Entwicklungsstufen noch einmal durchlaufen werden. Sie werden ähnlich empfinden wie das Kind und sich erinnern, wie es Ihnen ergangen ist. Das ist besonders dann der Fall, wenn Sie und das Kind gleichen Geschlechts sind (und kompliziert sich mit der Anzahl Ihrer Kinder).

Diese Art der »Wiederaufbereitung« kann schon vor Geburt der Kinder einsetzen. Empfängnis und Schwangerschaft sind wirkungsvolle Auslöser von Erinnerungen.

Jan und Julia, beide berufstätig und Anfang Dreißig, waren Klienten von uns. Wir lassen Jan erzählen:

»Lange Zeit fühlten Julia und ich uns für Kinder noch nicht bereit. Nach zehn Jahren waren wir Experten in Sachen Empfängnisverhütung. Als wir endlich meinten, eine Familie gründen zu können, ließen wir die Leinen los. Und prompt wurde Julia schwanger. So weit, so gut. Aber als Julias Bauch sich zu runden begann und wir anfingen, uns auf die – noch drei bis vier Monate entfernte – Geburt vorzubereiten, da beschlich mich immer häufiger ein Unbehagen, das ich mir nicht recht erklären konnte.

Das Gefühl verließ mich nicht mehr. Mir wurde klar, dass ich Angst hatte, und ich sprach mit Julia darüber. Auf ihre Anregung hin versuchte ich die Bilder und Gedanken einzufangen, die das Thema Geburt in mir auslösten. Und tatsächlich: Sobald ich an die bevorstehende Geburt dachte und meinen Assoziationen freien Lauf ließ, tauchten vor meinem inneren Auge verschwommene, aber wiederkehrende Bilder von Messern und Blut auf. Eines Tages, als ich im Garten werkelte, überkam es mich. Ich erinnerte mich an Dinge, die mir seit vielen Jahren entfallen waren:

Ich wuchs Anfang der Sechzigerjahre in Neuseeland auf. Ich war das ältere von zwei Kindern und knapp drei Jahre alt, als meine Mutter mit meiner Schwester schwanger wurde. Ich wusste von der Schwangerschaft nichts, denn meine Eltern waren altmodisch und nicht so offen, wie man es heute ist. Wegen einer Komplikation musste meine Mutter die letzten drei Monate in einem weit entfernten Krankenhaus verbringen. Weil das ein »Thema für Erwachsene« war, wurde ich erst viele Jahre später darüber aufgeklärt. So kam es, dass ich eines Morgens nichtsahnend aufwachte und feststellte, dass meine Mutter nicht mehr da war. Ein paar Spielzeugindianer und -cowboys lagen auf dem Küchentisch – ein Geschenk von Mutter, sagte Vater. Mir steigen heute noch, während ich dies niederschreibe, Tränen in die Augen – meinetwegen, aber auch um meiner Eltern willen, die in ihrer Hilflosigkeit versuchten, mich mit Spielzeug über Mutters Abwesenheit hinwegzutrösten. Wer weiß, welche Ängste Mutter ausstand, als sie die Koffer für das Krankenhaus packte.

Krankenhäuser waren damals Furcht erregende Orte und Kindern Besuche nicht gestattet. Mein Vater konnte wegen der Arbeit nur einmal in der Woche zu meiner Mutter fahren, aber immer brachte er mir ein kleines Geschenk, irgendein Spielzeug, von ihr mit. Es muss auch für ihn die Hölle gewesen sein. Endlich, an einem sonnigen Tag, waren wir wieder vereint. Mutter war blass und dünn, aber recht munter. Bei sich hatte sie ein quietschfideles Baby. Und damit schlug das Familienleben wieder einen normalen Gang ein.

Als ich mich dreißig Jahre später meinen Gefühlen stellte, wurde mir klar, dass ich eine Heidenangst hatte, Julia könnte nun, da sie schwanger war, urplötzlich aus meinem Leben verschwinden. Blut würde bestimmt fließen, und vielleicht würde auch der Tod seine Sense wetzen. Solche Befürchtungen müssen damals meinen Vater beschäftigt haben und über meinen Kopf hinweg geflüstert worden sein. Es erleichterte mich, die verschütteten Erinnerungen ausgegraben zu haben.«

Jan und Julia nahmen diese Informationen zum Anlass, ebenso vernünftige wie sensible Abmachungen zu treffen. Die erste schrieb vor, Jans Ängste als real zu akzeptieren und nicht abzuwerten. Die zweite ging die Ängste pragmatisch-praktisch an: In der Phase der Geburt, wie früh auch immer sie anzusetzen wäre, würde es nicht zur räumlichen Trennung kommen. Die dritte – Sie werden die Augenbraue hochziehen – bestand in Julias Versprechen, bei der Geburt nicht zu sterben. Jan war zutiefst bewegt, beide weinten und hielten sich in den Armen. Daraufhin sahen sie dem Ereignis gelassen entgegen (und hatten eine schöne Geburt).

Dass Momente der Vergangenheit sich – wie in den beiden soeben zitierten Fällen – vehement in die Gegenwart einmischen, das erleben wir alle immer wieder. Wenn wir sie bewusst bemerken und als alte Wunden identifizieren, die nur aufbrechen, um ein für allemal sauber vernäht zu werden, dann können sie uns als Motiv für Veränderungen dienen, die uns und unseren Kindern gut tun werden.

Wann immer der familiäre Haussegen schief hängt (und ganz besonders dann, wenn gute Kommunikation und Unterstützung anders als üblich nicht fruchten), sollten wir in unserem »Recyclingprogramm« auf Suche gehen.

Jetzt weiß ich, weshalb ich mich manchmal wie ein Kind fühle!

Alle Eltern wissen, dass Kinder Phasen durchlaufen. Neugeborene sind passiv empfangend; sie brauchen vor allem Nähe und Sicherheit. Zweijährige lernen, sich in einer Welt zurechtzufinden, die manchmal nein sagt. Drei- bis Fünfjährige gehen auf Entdeckungsreise. Denken lernen, Freundschaften schließen und unabhängig werden sind im Schulalter von großer Bedeutung. Mit etwa zwölf Jahren haben wir eine Hochebene erreicht, und dann schickt die Pubertät uns abermals auf die Reise, jedoch mit einem turbogeladenen Hormonhaushalt, damit das Leben bloß nicht langweilig wird.

Wenn wir Eltern werden, rückt dieser Werdegang wieder in den Mittelpunkt unseres Interesses, ja, es ist ganz so, als erlebten wir unsere Kindheit ein zweites Mal. Haben Sie selbst alle Phasen, die nun Ihr Kind durchlebt, zu einem für Sie harmonischen Abschluss gebracht, so werden sich keine Probleme ergeben. Haben Sie eine oder mehrere jedoch nicht aufgearbeitet oder voll ausgelebt, dann werden sie so lange Ihre Aufmerksamkeit beanspruchen, bis Sie sich mit Ihren Erfahrungen auseinander gesetzt haben. Und dann werden Sie auch Ihrem Kind helfen können.

Aber meine Kindheit war ganz normal!

Jeder meint zunächst, seine Kindheit sei ganz normal. Erst aus dem Blickwinkel des Erwachsenen können wir erkennen, was sich wirklich abgespielt hat. Wenn Sie über eine gelegentliche Ohrfeige hinaus nie geschlagen, nie sexuell missbraucht worden sind und am eigenen Leib auch keine großen Unfälle oder Hausbrände erleben mussten, dann mögen Sie vielleicht sagen: »Meine Kindheit war großartig«, und wir würden es nicht bestreiten. Aber eine normale Kindheit im 20. Jahrhundert hat recht wenig mit dem zu tun, was im Hinblick auf die wirklichen Bedürfnisse des Menschen »normal« ist. Je mehr wir über das gesunde Heranwachsen von Kindern in anderen Zeiten und Kulturen in Erfahrung bringen, desto armseliger nimmt sich die Kindheit im 20. Jahrhundert aus.

So erfuhren die meisten Kleinkinder, die in den ersten beiden Dritteln des 20. Jahrhunderts heranwuchsen, viel zu wenig elementare Formen liebevollen Kontakts wie Streicheln, Massieren und Umarmen – und das nur selten von entspannten, sich selbst liebenden Erwachsenen. Vielfach erschöpften die Erfahrungen des Kleinkindes sich in Strenge und Einschränkungen. Über weite Teile des Jahrhunderts war die Schulzeit von Anfang bis Ende durchstrukturiert und von Regeln und Verboten gekennzeichnet; ein Schulkind hatte still zu sitzen und sich auf langweiligen Stoff zu konzentrieren. Die häusliche Disziplin setzte gern auf Scham- und Angstgefühle. Jugendlichen wiederum wurden wichtige Informationen vorenthalten, sodass das Thema Sexualität und Beziehung für viele von ihnen mit Ungewissheiten und Schuldkomplexen befrachtet war.

Und nicht zu vergessen zeitigte das 20. Jahrhundert große Kriege, Wirtschaftskrisen, Auswanderungswellen und Trennungen. All dies beeinträchtigte die emotionale Fähigkeit, Kinder aufzuziehen und zu lieben. Wenn Sie trotzdem eine positive Kindheit erlebt haben, dann haben Sie Glück gehabt.

Schlüsselphasen in Ihrem Leben und im Leben Ihrer Kinder

Lassen Sie uns einige dieser einflussreichen Einschnitte und Phasen genauer untersuchen. (Sie können weiterlesen oder zu der Phase vorspringen, die Sie derzeit besonders betrifft.)

Vom Gebären mit und ohne Trauma

Jahrzehntelang war es in den Krankenhäusern der Industrienationen üblich, Neugeborene getrennt von der Mutter in Säuglingsstationen unterzubringen, damit sich die Mutter »ausruhen« konnte. Andere Kulturen hätten aufgeschrien. Bei uns aber wurde diese Vorgehensweise von 1940 an, in den Jahrzehnten, in denen der Glaube an die Schulmedizin Hochkonjunktur hatte, zur Norm. Manche Säuglinge schrien ununterbrochen, andere lagen in einem Zustand der Depression mucksmäuschenstill da. Das waren die »braven« Babys.

Inzwischen jedoch haben die Arbeiten von Penelope Leach, Sheila Kitzinger, Frederic Leboyer, Michael Odent und anderen in Elternkreisen breite Zustimmung gefunden. Denn sie bestätigen unsere intuitive Vorstellung von einer angenehmen Geburt. In einer bequemen Stellung statt an Bügeln hängend zu gebären, die Anwesenheit des Vaters und anderer Beistand bietender Personen, das Vermeiden unnötiger Eingriffe (wie Dammschnitte, künstliche Einleitung und Kaiserschnitte) und selbstverständlich das Unterbringen von Mutter und Neugeborenem in einem Raum sind natürlichere Umstände, zu denen man zunehmend zurückkehrt.

Das Kind kann durch Hautkontakt, natürliche Gerüche und Stillen unmittelbar nach der Entbindung leicht eine Beziehung zur Mutter wie auch zum Vater herstellen. Die ersten dreißig Lebensminuten können ihm ein Gefühl von Sicherheit und Vertrauen vermitteln, das ein Fundament für all seine Liebeserfahrungen bilden wird.

Von der Praxis der Krankenhäuser, Mutter und Kind nach der Entbindung zu trennen, wurden ungefähr die letzten drei Generationen betroffen. Dieses Erlebnis hat sich als ein »Recyclingthema« vieler Töchter erwiesen, wenn sie selbst Mutter werden. Nach einer bestimmten Theorie rührt die postnatale Depression daher, dass die Mutter erneut den Trennungsschmerz erfährt, den sie selbst als Neugeborenes erlitten hat. Selbst zu gebären, das beschwört Gerüche und Empfindungen ihrer eigenen Geburt wieder herauf, und daraufhin mag sie von verschütteten Erinnerungen an Verlust und Einsamkeit überwältigt werden.

Wir haben mit vielen Müttern gesprochen, die diese Theorie aus eigener Erfahrung untermauern können. Das Syndrom der postnatalen Depression ist in westlichen Ländern weit verbreitet, in einigen anderen Kulturen hingegen so gut wie unbekannt. Es ist ein Phänomen, das es noch genauer zu erforschen gilt.

Gleich welche Ursachen diese Depression haben mag, unserer Ansicht nach fängt man sie am besten auf, indem man auf die Gefühle und Bedürfnisse der Mutter ernsthaft und liebevoll eingeht. Die Mutter muss bemuttert werden, gestreichelt, getröstet, umhegt und gepflegt werden von Menschen, die sie liebt. Sie darf nicht allein (oder unter der Obhut Fremder) gelassen werden, es sei denn, es ist ihr ausdrücklicher Wunsch. Das Baby muss stets in ihrer Nähe sein, aber sie darf nicht allein an der Verantwortung tragen; der Ehemann wäre der ideale Helfer. Das gilt besonders nach Kaiserschnittentbindungen. Kommt die Mutter noch nicht gut ohne Hilfe zurecht, dann muss sie sicher wissen, dass jemand, den sie liebt und dem sie vertraut, sich um das Baby kümmert und es ihr jederzeit bringt. Die eigene Mutter und ebenso eine professionelle Kraft sind, bei allem guten Willen, nicht unbedingt die beste Wahl, weil sie Selbstvertrauen eventuell eher unterminieren als stärken.

In physischem Sinne »die Mutter bemuttern«, das ist die beste Medizin, um der Mutter über ihr Trennungstrauma hinwegzuhelfen. So wird sie schnell wieder »erwachsen« und für das Kind emotional verfügbar.

Von Männern, die Väter werden

Der Umschlag der Originalausgabe von John Cleeses ausgezeichnetem Buch »… Familie sein dagegen sehr: eine Lebensform im Dialog« zeigt einen Cartoon, in dem ein Vater seine Frau beim Stillen des Neugeborenen beobachtet. Das wäre eine friedliche Familienszene, aber: Der Vater wirkt ziemlich deprimiert, und in seinem Mund steckt ein Schnuller!

Männer, die Erstgeborene waren, vielköpfigen Familien entstammen oder solchen, in denen Babys viel und Kleinkinder wenig Liebe erfuhren, erleben oft einen »wiederaufbereitenden« Schock, wenn sie Vater werden. Bis zu einem gewissen Grad wirkt sich die Mutter-Kind-Bindung immer auf die Liebesbeziehung der Eltern aus. Viele Männer zeigen dann Überreaktionen und sagen sich: »Das war's!«, im Glauben, ihre Ehe sei gescheitert. »Mann« kann derlei Melodramen vermeiden, wenn er sein Gefühlsrecycling versteht.

Lassen Sie uns dies durch folgendes Beispiel veranschaulichen:

Vor einiger Zeit berichtete ein aktuelles Fernsehmagazin über den Fall eines Vierjährigen, der an »schweren Wutanfällen« litt. Nur nebenbei wurde erwähnt, dass der Junge erst kürzlich eine kleine Schwester bekommen hatte. In das Feature über sein zügelloses, schwieriges Benehmen (das der Junge nur allzu gern demonstrierte) war eine kleine Szene eingeschoben, die vielleicht aussagekräftiger gewesen wäre als die übrige Schauergeschichte. Während die Mutter das Baby stillte, saß der Junge unglücklich daneben, schaukelte hin und her und verlangte wiederholt weinend nach einem Fläschchen. Die Reaktion seiner Mutter war bezeichnend: »Hör auf damit. Du bist doch schon ein großer Junge!«, schimpfte sie.

Verändert sich wie in diesem Fall jäh die Stellung eines Kindes in der Familie, so kann dies nicht nur spontane Verhaltensstörungen bewirken. Es vermag auch als unaufgearbeitetes Problem wiederkehren, sobald das Kind Vater wird.

Die meisten Kleinkinder fühlen sich durch ein neues Geschwisterchen bedroht. Doch sie werden lernen, es gern zu haben und nicht als Konkurrenz zu betrachten, wenn die Eltern ein wenig Nachsicht haben und ihre Zuwendung aufteilen.

Die Geburt eines Babys verlangt natürlich auch, dass die Eltern sich etwas umstellen. Haben Väter und Mütter allerdings das Gefühl, den Boden unter den Füßen zu verlieren, dann werden sie womöglich heimgesucht von Erinnerungen an Liebesverluste, die sie als Kind in einer solchen Situation erlebt haben. Sie brauchen die verbale und physische Versicherung des Partners, dass seine Zuneigung unverändert ist.

Während die anfänglich sehr hohen Liebesbedürfnisse von Kindern mit der Zeit nachlassen, wollen Partnerschaften langfristiges Investieren tiefer Gefühle. In der Phase, in der die Kinder noch klein sind, es keinen ungestörten Schlaf, kaum mehr Erholung und Sex nur mehr als ferne Erinnerung gibt, sind Liebesrituale wichtiger denn je. Suchen Sie unbedingt nach Methoden und ausreichend Gelegenheiten, um sich Ihrer Liebe zu versichern. Wenn die Lunte der Leidenschaft schon nicht lichterloh flackert, dann sorgen Sie wenigstens dafür, dass sie weiter glimmt.

Bloß Brot verdienen? Nein danke!

Väter, die als Söhne nicht im positiven Sinn »bevatert« worden sind, wissen unter Umständen nicht einmal, wie man mit Kindern spielt, und tun sich schwer damit, ihre Gesellschaft zu genießen. Zum Glück lernt man nie aus. Also: Nehmen Sie sich selbst weniger ernst und dafür öfter mal auf die Schippe. Zum Üben eignen sich wie erwiesen bestens Kitzeln, Hoppe-hoppe-Reiter, Rangeln und, wenn die Kids größer sind, Sport und Unternehmungen im Freien.

Um sich mit Kindern wohl zu fühlen, müssen Sie bloß etwas finden, das beiden Parteien Spaß macht. Kinder können fürwahr Leben schenken, insbesondere vom Karrieretrip ausgebrannten Vätern. Denn Kinder helfen, die körperlichen Kräfte zu mobilisieren und die Prioritäten im Leben zurechtzurücken. Immer mehr Männer erklären, Vater sein sei die schönste und befriedigendste Beschäftigung, die sie kennen. Das wird die seelische Gesundheit künftiger Generationen deutlich verbessern.

Von Kleinkindern und Trotzköpfen

Ein Baby lieben, das lächelt und gluckst, ist babyleicht. Mausert sich aber das Baby zum Kleinkind, beginnt es aufzumucken. Das ist vollkommen normal, denn durch Konflikte lernt das Kind, sich in die menschliche Gesellschaft einzufügen. Es muss lernen, dass man in Videorecorder kein Essen stopft, dass man die Katze nicht mit dem Hammer bearbeitet, dass man nicht über Gartenzäune klettert, um auf Schnellstraßen zu spielen ... Das und vieles mehr lernen Kinder am besten, wenn die Eltern in der Lage sind, mit gelassener Bestimmtheit aufzutreten.

Haben Ihre Eltern unversöhnlich, zornig oder gemein auf Ihren kindlichen Trotz reagiert, dann empfinden sie wahrscheinlich in jeder Konfliktsituation Angst. Mit selbem Fug und Recht lässt sich sagen: Wer Mami und Papi schon im Alter von zwei Jahren in die Tasche gesteckt hat, der hat dabei nicht viel fürs Leben gelernt. Er hat nur abspeichern können, wie man klein beigibt, nicht aber, wie man gelassen und bestimmt handelt.

Von geschlagenen Kindern

Immer mehr Eltern lehnen Ohrfeigen und Schläge als Disziplinierungsmaßnahme ab. Wurden Sie als Kind geschlagen, dann kann geschehen, dass Sie in Stresssituationen trotz guter Vorsätze den Impuls zuschlagen nicht unterdrücken können. Wenn wir begreifen, was wir getan haben, fühlen wir uns entsetzlich. Eine Mutter beschrieb es so:

> »Ich wurde im Nu zurechtgewiesen. Meine Tochter weinte, nachdem ich sie geohrfeigt hatte. Unter Schluchzen sagte sie: ›Mami, das war eine gemeine Ohrfeige!‹ Und ich wusste, sie hatte Recht.«

Man kann Kinder auf bessere Weise dazu bringen, sich zu benehmen und zu kooperieren. In unserem Buch »Weitere Geheimnisse glücklicher Kinder« stellen wir einige nützliche Alternativen vor. Sobald Sie sich andere Methoden angeeignet haben, erübrigen sich Ohrfeigen. Und Sie werden recht bald in der Lage sein, das Recycling Ihrer Gefühle zu erkennen und sich ihm zu stellen.

»Wenn Sarah ungezogen ist, steigt in meinem Magen und Kopf ein ungutes Gefühl auf. So als sähe meine Mutter mir über die Schulter und sagte: ›Du machst es falsch. Du wirst dem Kind schaden!‹ Dann fühle ich mich noch schlechter – wütend und inkompetent zugleich. In solchen Augenblicken setze ich mich hin oder gehe ins Schlafzimmer und schlage auf die Matratze ein, oder ich weine. Gleichzeitig klopfe ich mir selbst auf die Schulter dafür, dass ich nicht unkontrolliert gehandelt habe. Das passiert mir übrigens nur noch selten.«

Ein Vater erzählt:

»Mein Vater sagte nicht viel, wenn wir über die Stränge schlugen. Er explodierte ganz einfach und griff sich das nächstbeste Kind, um es zu verprügeln. Man wusste nie, wann und warum ihm der Kragen platzen würde, manchmal geschah es, weil wir nur ein bißchen Lärm machten oder im Schlafzimmer zu laut lachten. Wenn heute meine Kinder übermütig sind, dann mache ich mir immer eines klar: Ich will nicht so reagieren wie mein Vater. Ich habe Angst, ich könnte doch handgreiflich werden – ich traue meiner Selbstbeherrschung nicht so recht. Aber ich lerne, gewissermaßen mit einem Augenzwinkern Disziplin zu verlangen. Ich lerne, dass es keine große Affäre ist, auf ihr zu bestehen. Kinder sind nun einmal Kinder und darauf angewiesen, dass ich stark und klar auftrete.«

Indem Eltern feststellen, woher ihre verschütteten Gefühle rühren, und über diese sprechen, beginnen sie, zwischen Vergangenem und Gegenwärtigem zu differenzieren.

Entsinnen Sie sich der Zeit, als Sie zwei Jahre alt waren. Denken Sie über diese Erinnerungen, so schwach sie auch sein mögen, in Ruhe nach. Achten Sie auf Ihre körperlichen Reaktionen, wenn Ihr Kind sich trotzig aufführt, und versuchen Sie mit allen Mitteln, sich zu entspannen. Sind Sie stark erregt, dann tun Sie etwas, was Ihnen viel Kraft abverlangt. Körperliche Anstrengung hilft den von trotzigen Sprößlingen hochgeputschten Adrenalinspiegel senken: Als unsere Kinder klein waren, wurde pausenlos, je nach Heftigkeit des Scharmützels, in unserem Haus Staub gesaugt oder der Rasen in Grund und Boden gemäht.

Zu guter Letzt wollen wir daran erinnern, dass zweijährige Kinder nicht nur an den Nerven sägen. Sie sind neugieriger als Babys, schon etwas selbstständiger und außerdem körperlich pflegeleichter. Sorgen Sie dafür, dass Sie nun, da die Babyphase überstanden ist, wieder mehr Freiheit und Spaß haben. Gehen Sie beide, Sie und Ihr Kind, unabhängigeren, nach außen gewandteren Beschäftigungen nach, und zwar sowohl gemeinsam als auch getrennt. Draußen wartet eine weite Welt auf Sie beide!

Hier ist die Welt!
Ich zeig' dir, wie man sich in ihr bewegt

Im Alter zwischen zwei und fünf Jahren brauchen Kinder jede Menge Anleitung, Übung und Hilfestellung. Ihre Elternrolle wird sich allmählich wandeln und bis weit in die Teenagerjahre hinein

J. WRIGHT

die eines Lehrers fürs Leben sein. So wie Sie einen kleinen Leib füttern, damit er wächst, so speisen Sie jetzt einen kleinen Geist mit dem, was er benötigt, um kompetent zu werden. Diese Nahrung besteht im Erklären, im Demonstrieren und im Anregen zur Mithilfe und zu eigenständigem Handeln.

Der schwerwiegendste Fehler moderner Eltern beruht auf der irrigen Annahme, Kinder würden von selbst groß – nach dem Motto: Setz sie vor den Fernseher, gib ihnen zu essen, und den Rest erledigt die Natur. Kinder sind darauf angewiesen, dass Sie ihnen Dinge erklären und beibringen. Das kann auch Ihnen viel Freude bereiten. Ebenso aber brauchen Kinder Zeit zum Spielen, zum In-den-Tag-hinein-Leben und zum Träumen. Bemühen Sie sich also nicht zu angestrengt, sie zu unterhalten. Und stopfen Sie ihren Tag vor allem nicht zu voll mit Unterrichtsprogrammen und angeblich notwendigen gesellschaftlichen Aktivitäten. Zeit zum Träumen tut übrigens auch Ihnen gut.

Die Grundschuljahre

Elterlicher Ehrgeiz ist eine gefährliche Falle. Tappen Sie nicht hinein! Ein stattlicher Wirtschaftszweig lebt davon, dass Kindern beigebracht wird, was Eltern »gern selbst gelernt« hätten. Wir selbst halten es mit Verlaub für eine den Markt revolutionierende Unternehmensidee, Eltern in Disziplinen zu unterrichten, die ihnen vorenthalten wurden. Dann gäb's Klavier- und Ballettstunden für Eltern und Leichtathletikturniere, für die übergewichtige, großmäulige Mütter und Väter in T-Shirts und Shorts zur Selbstkasteiung antreten müssen. Und dann hätten Kinder endlich die Chance, ein natürliches, selbstbestimmtes und kreatives Leben zu genießen.

Das Bestreben, erfolg- und einflussreiche Kinder vorzuweisen, um so das eigene elterliche Ego aufzuwerten, kann der mentalen und physischen Gesundheit eines Kindes ernsthaft schaden. Fremdbestimmte, also stark auf die Lebensziele anderer Personen programmierte Kinder und Jugendliche machen nach Erfahrung von Schulpsychologen meist irgendwann eine Lern- oder gar Gesundheitskrise durch, die sie davor bewahrt, weiterhin die ehrgeizigen Pläne der Eltern auszuführen.

Ehrgeizige Eltern können sich, vor allem im Verein mit einer sehr leistungsorientierten Schule, zu einer wahren Gefahr für das Kind auswachsen. Sinn der Erziehung heranwachsender Kinder kann es nicht sein, sie Algebra lernen zu lassen, die sie nie wieder brauchen. Er besteht vielmehr darin, ihnen ausreichend breite Erfahrungen und Auseinandersetzungsmöglichkeiten mit interessanten Menschen zu vermitteln, damit sie selbst herausfinden können, was sie wirklich gern tun. Damit sie lernen, das Lernen zu lieben. Damit sie lernen, klar und kritisch zu denken. Damit sie lernen, selbst kreative Energien freizusetzen und hart für ein Ziel zu arbeiten. All dies kann eine Schule erreichen, aber sie kann es auch im Ansatz vernichten. Es ist eine heikle Aufgabe.

Im Grunde dient die Schulzeit dazu, Kindern zu Orientierungssinn zu verhelfen. Das sollten Heranwachsende schrittweise lernen, indem man sie wählen lässt, welchen Aktivitäten sie nachgehen und welche Fähigkeiten sie erwerben wollen. Und das sollte ganz allein ihre Entscheidung sein, nicht die der Eltern!

Wir wollen alle das Beste für unsere Kinder. Das erreichen wir nur, wenn wir sie nicht hetzen und nicht drängen. Innere Ruhe, Spaß und Zeit zum Träumen sind Kraft spendende Quellen, die lebenslang die geistige Gesundheit unserer Kinder speisen werden. Weniger ist manchmal mehr.

Praktischer Schritt 15:
Gute Manieren sind mehr als Worte

Ist es kleinlich, darauf zu bestehen, dass Kinder »bitte«, »danke« und »Entschuldigung« sagen? Nein, denn diese

Worte sind mehr als nur Worte: Sie fördern den zwischenmenschlichen Respekt und machen Kinder auf die Gefühle anderer Menschen aufmerksam.

Was eine »gute Kinderstube« ausmachen kann, das fällt einem schnell auf, wenn die Kinder, ob noch klein oder schon Teenager, Freunde nach Hause bringen. Manche sind äußerst höflich, andere gnadenlos aufgeblasen und herablassend und erwarten, bedient zu werden. Einmal hatten wir einige Tage einen Jungen zu Besuch. Als Steve sein Hemd bewunderte, antwortete der Knabe: »Ich trage immer Klamotten, die mir gefallen.« Und nachdem wir ihn eines Abends vom Kino abgeholt hatten, entschwand er ohne ein Wort des Dankes ins Haus – anscheinend waren Erwachsene dazu da, ihn durch die Gegend zu chauffieren. Später erschien er in der Küche und fragte: »Wo gibt's was zu trinken?« Bis auf sein kleines Arroganzproblem finden wir den Jungen ganz okay. Man hätte darauf achten sollen, dass er die Großzügigkeit von Erwachsenen nicht als selbstverständlich ansieht.

Kinder halten den gewöhnten Komfort für selbstverständlich. Steigen sie stets in Fünf-Sterne-Hotels ab, dann werden sie sich über eine Vier-Sterne-Unterkunft beklagen. Wir müssen dafür sorgen, dass sie bemerken, was ihre Geschwister und wir für sie tun, und dass sie nach und nach ihren Teil an Pflichten übernehmen. In unserer Familie kann Jammern über das Essen bedeuten, dass man anderntags für das Kochen zuständig ist: Letzten Endes geht's im Leben darum, selbst zurechtzukommen.

Wie bei den meisten Familien, die Kinder im Teenageralter haben, klingelt bei uns pausenlos das Telefon. Fast alle Freunde unserer Kinder sind freundlich und höflich. Ein Mädchen fällt jedoch aus dem Rahmen. Es meldet sich nie mit Namen, und wenn der Gewünschte nicht da ist, brummt es irgendwas und hängt auf. Ein Kind, das Höflichkeit nur heuchelt, ist immer noch angenehmer als eines, das sich schlichtweg grob benimmt. Über unechte Freundlichkeit, ein widerwilliges Danke oder ein sarkastisches Bitte kann man übrigens mit Kindern reden: »Das hört sich nicht an, als täte es dir aufrichtig Leid. Hast du mal richtig darüber nachgedacht? Was würdest du davon halten, wenn dein Bruder sich eine CD borgt, ohne dich zu fragen?«

Ohne die folgenden drei Elemente kommen gute Manieren nicht aus.

1. Dankbarkeit: Sie zeigt sich darin, dass man sich für Hilfe bedankt und die Bemühungen anderer zur Kenntnis nimmt und schätzt.

2. Sich entschuldigen: Man muss eingestehen, dass einem etwas Leid tut, und sich bereit erklären, es irgendwie wieder gut zu machen.

3. Rücksichtnahme: Statt zum Beispiel Unterhaltungen einfach zu unterbrechen, müssen Kinder lernen zu sagen: »Entschuldigt bitte«, »Kann ich jetzt mit dir sprechen?«, »Hast du jetzt Zeit für mich?« oder »Darf ich das Thema wechseln?«. Sind die Kinder etwas älter, müssen sie Gesprächspausen abwarten können.

Gute Manieren bringen Sie Ihren Kindern am besten bei, wenn Sie sie auch ihnen gegenüber an den Tag legen. Ihre Kinder zahlen es Ihnen mit ziemlicher Sicherheit mit gleicher Münze heim.

Es kommt der Beziehung von Geschwistern zugute, wenn man auch bei ihnen Wert auf gutes Benehmen legt: »Du musst dich bei deinem Bruder dafür entschuldigen, dass du sein Skateboard benutzt hast, ohne ihn zu fragen.« »Hast du dich bei deiner Schwester schon dafür bedankt, dass sie dein Buch gefunden hat?«

Lassen Sie Anzeichen von Arroganz und Herrschsucht nicht durchgehen. Bringen Sie sie immer zur Sprache – und Ihren Kindern zugleich bei, wie man es richtig macht. Anstatt »Gib her, das ist meins!« sollten sie sagen: »Entschuldige, aber das Buch gehört mir. Du hast es aus meinem Zimmer genommen. Und es ärgert mich, dass du nicht gefragt hast.« Das ist nicht zuletzt deshalb wichtig, um den jüngeren und schwächeren Familienmitgliedern das Gefühl zu geben, dass man sie und ihre Gefühle ernst nimmt. In Familien sollte nicht das Gesetz des Dschungels herrschen!

Gute Umgangsformen in einer Familie bringen zum Ausdruck, dass alle Mitglieder dasselbe Maß an Respekt empfinden und genießen. Sie einzuführen kann anfänglich anstrengend sein, doch die Mühe lohnt sehr. Ihre Kinder werden langfristig gut und sicher mit Freunden, Lehrern, Arbeitgebern und Lebenspartnern umgehen können. Die Vorteile machen sich aber auch schon früher bemerkbar: Wenn Sie Ihren Kindern die Grundformen der Höflichkeit beibringen und darauf achten, dass sie diese stets anwenden, dann werden Sie staunen, wie schnell die Eintracht und das Wohlbefinden der gesamten Familie davon profitieren.

Sichern Sie Ihren Kindern Freiraum zum Glücklichsein

Und dann wären da noch die Medien, die Ihren Töchtern einflüstern, sie müssten schlank und sexy sein, und Ihren Söhnen, sie hätten immer »cool« und gut drauf zu sein. Ihre Kinder sind die Angriffsziele eines gewaltigen Feldzugs der Wirtschaft gegen die Kindheit. Die großen Konzerne sind fest entschlossen, die Kindheit auszulöschen und sie in eine nimmersatte Konsumparty zu verwandeln, bei der Kinder nie glücklich sein können, weil es immer etwas gibt, das sie meinen besitzen zu müssen.

Sie müssen den Freiraum Ihres Kindes, ganz einfach Kind sein zu dürfen, verteidigen. Wie? Indem Sie ihnen Gruselvideos, Computerspiele, Musikclips mit Softporno-Touch und brutale Fernsehnachrichten bis zu einem Alter vorenthalten, in dem sie solche Eindrücke besser verarbeiten können.

Es ist die Aufgabe von Eltern, die Löwen und Hyänen in Gestalt von Habsucht, Konkurrenz und künstlich geweckten Bedürfnissen auszusperren und zugleich ihre Kinder Schritt für Schritt in die Lage zu versetzen, es selbst mit diesen Bestien aufzunehmen.

Von (puuh!) Teenagern und Sexualität

Teenager haben etwas besonders Schönes an sich. Sie lassen Sie zuweilen einen kurzen Blick auf den Erwachsenen, zu dem sie sich entwickeln, erhaschen, und gleichzeitig sind sie von einer solch unverbrauchten, intensiven Frische und Reinheit, dass sie das Leben einfach lebenswert finden. Teenager sind idealistisch, ernst, emotional, sinnlich und natürlich sexy! Und mit dieser letzten Eigenschaft kommen Eltern manchmal schlecht zurecht.

Ein Freundin von uns ist in den Sechzigerjahren aufgewachsen und von ihren Eltern äußerst dürftig über Pubertät und Sex aufgeklärt worden. Sie schwor sich, ihren Kindern alles ausführlich zu erklären. Die Gelegenheit dazu bot sich ihr früher als erwartet, nämlich als ihre dreijährige Tochter fragte: »Mami, wo kommen die Kinder her?«

Unsere Freundin schritt unverzüglich zur Tat. Sie holte die einschlägige Fachliteratur aus dem Regal, setzte sich zu der Kleinen auf den Boden und machte sich an ihre gründliche, lückenlose Aufklärungsarbeit. Das brauchte natürlich seine Zeit. Sie nahm zwar wahr, dass das Kind ein wenig glasig schaute, aber sie fuhr unerschrocken fort. Sie wollte es unbedingt richtig machen. Abschließend erkundigte sie sich, ob die Frage nun zufriedenstellend beantwortet sei – und bekam zur Antwort: »Nein!« Es stellte sich heraus, dass Mami die falsche Frage beantwortet hatte. Die Familie wohnte in der Nähe einer Schule, weshalb nachmittags viele Kinder am Gartentor vorbeikamen. Die Tochter wollte schlicht wissen: »Wo kommen all diese Kinder her?«

Vom Umgang
mit Sorgen und Ängsten

Es ist beängstigend, Teenager hinaus in eine gefährliche Welt ziehen zu lassen. Man muss ein Auge auf sie halten, ihnen aber genügend Freiheit lassen, damit sie Selbstvertrauen entwickeln können. Am besten verscheucht man Ängste, indem man sie ausspricht. Reden Sie also mit Ihren Kindern in aller Ehrlichkeit darüber. So können Sie unnötige Ängste ausschalten – und sich auf die begründeten konzentrieren. Die Sorgen von Eltern kreisen meist um das Thema Sicherheit, um Gewalt, Autounfälle, Drogen und Vergewaltigung, um unerwünschte Schwangerschaften, Geschlechtskrankheiten und Aids. Die größte Angst haben wir vor all dem, was sich nicht rückgängig machen lässt, vor schweren Unfallschäden zum Beispiel oder einer HIV-Infektion.

Behalten wir unsere Ängste für uns, schwelen sie weiter vor sich hin. Das kann leicht dazu führen, dass wir notorisch Misstrauen verströmen und damit den Kindern ihre natürliche Offenheit austreiben. Sie müssen über solche Themen sprechen. Sie können dabei Verständnis beweisen (vorzugsweise ohne Ihre Sprösslinge mit Ihren Woodstock-Erlebnissen zu langweilen). Sie können auch den unerschütterlich nüchternen Felsen in der Brandung spielen, der mit den Kindern Pläne auf ihre Machbarkeit hin checkt – und die notwendigen Sicherheitsvorkehrungen. Wenn Ihnen etwas unrealistisch erscheint, dann sprechen Sie es aus: Alle Teenager neigen zu Illusionen. Ein paar unangenehme Fragen können sie daher gut gebrauchen und verkraften. Aber sie können auch bestechend vernünftig sein. Trotzdem: Kontrolle schadet nicht. (Wenn Sie sich für eine Diskussion mit Ihrem Kind zu erregt fühlen, dann versuchen Sie, zunächst im Gespräch mit einem Freund Ihre Gefühle und Gedanken zu ordnen.)

Kinder tendieren zu unrealistischer Lässigkeit; sie meinen, ihnen werde schon nichts Schlimmes widerfahren. Erwachsene sind anfällig für übertriebene Ängstlichkeit. Die Wahrheit liegt gewöhnlich irgendwo in der Mitte. Daher dürfen Sie getrost auf einem Weg der Mitte bestehen, wenn es um das Regeln von Ausgehzeiten, lieb- und unliebsamen Transportmitteln, Partys und Ähnliches geht. Betonen Sie dabei stets den positiven Aspekt, nämlich, dass Sie Ihr Kind lieben und wollen, dass es gut auf sich selbst aufpassen lernt. Und dass Sie ihm umso mehr vertrauen, je vertrauenswürdiger es sich erweist. Lockern Sie die Zügel, aber tun Sie's langsam!

Praktischer Schritt 16:
Was tun, damit Kinder nicht Herr im Hause werden?

1. Führen Sie Telefonregeln ein

Wenn Kinder das Teenageralter erreichen, können ständig besetzte Telefonleitungen ein ewiger Quell von Ärger werden. Mit einem Male ertappen Sie, ein ausgereifter Erwachsener, sich dabei, dass Sie sich wie ein Kind ums Telefon reißen. Oder Sie resignieren und finden sich damit ab, dass »Ihr« Telefon nicht mehr Ihnen gehört, sondern den Kindern. Rechnen Sie auch damit, dass Teenager von einem Tag auf den andern zu umschwärmten Stars werden – so umschwärmt, dass sie ihren Fans allabendlich stundenlang Telefonaudienz gewähren müssen.

Hier ein paar Tipps aus elterlichen Trickkisten:

✗ Es heben immer Erwachsene ab. Und sie geben Gespräche nur dann an das Kind weiter, wenn sie zupass kommen und das Kind sein tägliches »Quasselquantum« noch nicht erschöpft hat.

✗ Gestatten Sie Ihrem Kind ein bis zwei Anrufe am Tag (und stellen Sie's ihm eventuell in Rechnung).

✗ Erlauben Sie ihm den Empfang von ein bis zwei Anrufen pro Tag.

✗ Setzen Sie (nach Ihrem Ermessen) ein Zeitlimit, zum Beispiel zehn Minuten pro Gespräch oder dreißig Minuten am Abend.

2. Lassen Sie die Kinder Aufgaben übernehmen

Worin die Aufgabe besteht, hängt vom Alter der Kinder ab. Kleine Kinder können kleine, große Kinder große Hilfen sein. Kinder können auf zwei Weisen helfen. Erstens, indem sie sich um ihre Bereiche kümmern, zum Beispiel ihr Zimmer in Ordnung halten, sich einen Imbiss machen und ihre Schulaufgaben erledigen. Zweitens, indem sie im Haushalt zur Hand gehen, also beim Kochen helfen, beim Putzen und beim Aufpassen auf die Geschwister. Und ganz lieben Eltern machen sie vielleicht auch mal einen Drink!

3. Legen Sie Schlafenszeiten fest

Die Schlafenszeiten richten sich natürlich nach dem Alter der Kinder. Je früher sie zu Bett gehen, desto besser. Außerdem empfiehlt es sich, den Video- und Fernsehkonsum einzuschränken, außerhalb der Schulferien möglichst auf die Wochenenden. Erlauben Sie den Kindern, noch eine halbe Stunde im Bett zu lesen, ehe sie das Licht ausmachen. Mit dieser einfachen »Hausregel« können Sie und Ihr Partner sich eine wertvolle Abendstunde zu zweit bescheren. Überdies sind frühe Schlafenszeiten ein gutes Mittel gegen schlecht gelaunte Hetze am Morgen.

4. Halten Sie an guten Essgewohnheiten fest

Ideal wäre es, wir würden immer nahrhaft und gesund kochen – und es würde der gesamten Familie schmecken. Selbstverständlich muss man die Bedürfnisse von sehr kleinen Kindern und Allergikern berücksichtigen. Das sollte Sie jedoch nicht davon abhalten, allmählich und unbeirrt normale, gesundene Erwachsenenkost einzuführen.

5. Was Kindern gut tut, schadet auch Ihnen nicht

Bei genauerer Betrachtung unterscheiden sich die Bedürfnisse von Kindern und Eltern nicht allzu sehr. Halten Sie sich folgende Beispiele vor Augen:

✗ Ein Baby braucht Ruhe,
   und Sie auch.

✗ Ein Kleinkind muss laufen lernen,
   Ihrem Rücken tut es gut, dass es auf eigenen
   Beinen stehen kann.

✗ Kinder müssen ihre Freunde besuchen,
   und Sie benötigen kinderfreie Zeit, um Ihre
   Freunde besuchen zu können.

✗ Wenn die Kinder älter werden, müssen sie Unabhängigkeit proben,
   und daher dürfen Sie sie nun getrost (mit einem
   wachsamen Auge) allein Arrangements treffen
   und Wege mit Fahrrad, Bus oder zu Fuß zurücklegen lassen.

✗ Teenager brauchen Geld, um sich ein paar Wünsche zu erfüllen, für Musik, Zeitschriften und Kleider zum Beispiel.
   Sie dürfen sie dazu anhalten, selbst etwas beizusteuern und sich Freizeitjobs zu suchen.

> ✗ Kinder müssen vor Kriminalität, Verkehrsunfällen und
> Drogenkonsum geschützt werden,
> und Sie müssen sie in Sicherheit wissen.
>
> ✗ Kinder müssen lernen, Zusagen einzuhalten,
> und Sie müssen sich auf sie verlassen können.
>
> ✗ Kinder müssen Entscheidungen treffen,
> und Sie wollen Kinder, die für ihr Handeln und
> seine Konsequenzen selbst einstehen.

Bleiben Sie im Gespräch

Wenn wir uns recht erinnern, dann war es Bing Cosby, der sagte:
»Mit dreizehn verschwand meine Tochter im Badezimmer, und
sechs Jahre später kam sie wieder zum Vorschein.« Das war ein
Scherz, aber es kann tatsächlich leicht dazu kommen, dass Teenager
und Eltern in vollkommen getrennten Welten leben. Lassen Sie das
nicht zu! Weder mit vierzehn noch mit achtzehn Jahren sind Jugendliche in der Lage, alles, was die Welt ihnen serviert, allein zu
verdauen. Bleiben Sie mit ihnen im Gespräch. Zeigen Sie Interesse
und Taktgefühl, und machen Sie ihnen Mut. Teenager besitzen
hoch empfindliche Antennen für Würde, Fairness und Eigenstän-
digkeit; sie mögen es gar nicht, wenn man sie bevormundet.

Halten Sie die Tür für Kommunikation stets offen. Selbst wenn
Schlimmes passiert und Sie innerlich kochen – versuchen Sie so zu
reagieren, dass Sie noch miteinander reden können. Von Eltern
wird nun einmal mehr Reife erwartet. Oft schon haben Teenager
zu uns gesagt:»Ich dachte, meine Eltern würden explodieren.
Doch sie haben toll reagiert. Dass ich mit Konsequenzen rechnen
musste, war mir klar. Aber sie haben ihre negativen Gefühle nicht
an mir ausgelassen. Ich war unglaublich dankbar. Ich habe wirklich Achtung vor ihnen.«

Konkurrieren Sie nicht mit Ihren Kindern

Achten Sie darauf, Ihre eigene Jugend nicht auf falsche Weise zu recyceln. Mütter, die kürzere Kleider tragen als ihre Töchter, und Väter, die sich den Rücken verrenken, weil sie wilder tanzen als ihre Kinder, wirken bloß peinlich. Haben Sie in den vergangenen Jahren hauptsächlich für Ihre Kinder gelebt, dann nutzen Sie die Teenagerzeit dazu, ein Stück Eigenleben zurückzugewinnen, aber bitte nicht dazu, Ihre Kinder zu übertrumpfen.

Auch wenn die Medien gern das Gegenteil behaupten: Die meisten Teenager sind wundervolle, wenngleich zuweilen etwas launische, junge Leute. Bewahren Sie sich eine positive Haltung, und bringen Sie zum Ausdruck, welche Eigenschaften Ihrer Kinder Sie mögen und bewundern. Und achten Sie darauf, dass sie ihren häuslichen Pflichten weiterhin nachkommen.

Will man seinen Kindern dazu verhelfen, dass sie im Leben und in der Liebe glücklich werden, dann bleibt einem im Grunde nur eines übrig, nämlich mutig, bedacht und optimistisch dieses Ziel selbst zu verfolgen. Wenn Sie das Erwachsenendasein nicht todlangweilig aussehen lassen, dann werden Ihre Kinder gern erwachsen. Und wenn Sie zugleich die Schwierigkeiten nicht verhehlen, dann werden sie ihre Jugend nicht Hals über Kopf abschütteln wollen. Wer eine gesunde Mischung aus Arbeit und Vergnügen vorlebt, dem werden es die Kinder höchstwahrscheinlich nachtun. Die Erfahrung des Elterndaseins wird Sie dermaßen (hoffentlich nur zum Besseren) verändern, dass Sie sich nicht wiedererkennen werden. Sie werden gute Absichten verwirklicht haben. Sie werden ein ehrlicherer, freundlicherer, liebenswürdigerer und stärkerer Mensch sein. Ihre Kinder werden Sie mit Stolz und Freude erfüllen. Erfreuen Sie sich an ihnen!

Entschuldigung, ich werde gerade selbst erwachsen!

Einst suchte eine Mutter zusammen mit ihrem übergewichtigen Sohn Mahatma Gandhi auf. Sie bat Gandhi, ihrem Sohn zu sagen, er solle das Naschen aufgeben. Gandhi beschied sie, in einer Woche wiederzukommen. Sie tat wie geheißen, und beim zweiten Besuch sagte Gandhi zu dem Sohn: »Iss keine Süßigkeiten!« Der Junge zeigte sich gehörig beeindruckt (schließlich sprach zu ihm der Mann, der Indien von den Briten befreit hatte). Statt sofort zu gehen, murmelte die Muttter noch etwas vor sich hin. Als Gandhi fragte: »Haben Sie noch etwas auf dem Herzen?«, antwortete sie: »Ich will nicht undankbar erscheinen, aber warum sollten wir eine Woche warten?« »Oh«, erwiderte Gandhi, »ich verlange ungern von anderen, was ich selbst nicht kann. Ich habe eine volle Woche gebraucht, um mir das Naschen abzugewöhnen.«

Die in diesem Kapitel angeschnittenen Kindheitsphasen stellen eine Familie vor nur einige der vielen Herausforderungen, die sie im Normalfall zu bewältigen hat. Sobald Sie begriffen haben, dass mit den Kindern auch Sie als Eltern sich ändern und wachsen müssen, wird Ihnen das Leben weit weniger verwirrend erscheinen.

Dieses »Recycling« hat nichts Mystisches an sich. Es ist ein rein physikalischer Vorgang, ausgelöst durch bestimmte Stimuli. Als solche Reize wirken Zeichen, Geräusche, Worte und Gerüche, die Sie unwillkürlich mit Erfahrungen assoziieren, die Sie gemacht haben, als Sie so alt waren wie nun Ihr Kind. Diesen Tatbestand können Sie sich zunutze machen, indem Sie sich an »schlechten Tagen« oder in schwierigen Zeiten fragen: »Wie alt fühle ich mich jetzt?« Wenn Sie sich dann zumindest einen Teil von dem gönnen, was Sie im Augenblick brauchen (oder im betreffenden Alter brauchten), werden Sie sich besser fühlen. Ist Ihnen zum Beispiel zumute wie einem Baby, so genehmigen Sie sich täglich ein bisschen »Babypflege«. Fühlen Sie sich eingezwängt, so verschaffen Sie sich wenigstens einige Minuten am Tag Freiheit. Nutzen Sie dabei die Bedürfnisse und Reaktionen Ihrer Kinder als Anhaltspunkte: Kleine Kinder reagieren auf diese, Teenager auf jene Art und Weise.

Sie werden feststellen, dass die Elternschaft zu einer Reise durch Ihre eigene Kindheit wird. Es ist eine langsame Reise, die sich von Anfang bis Ende an heilsamen und lehrreichen Episoden festmacht.

Bewusst Eltern sein

Durch den Prozeß des Recycelns werden Sie sich selbst großziehen – hoffentlich immer eine Nasenlänge vor Ihren Kindern. Neugeborene werden Ihnen helfen, sich in der Welt sicher zu fühlen, damit Sie dieses Gefühl an sie weitergeben können. Die Sorge für ein vollkommen schutzloses, verletzliches kleines Kind wird Sie den Wert des Lebens schätzen lehren. Kleinkinder werden Sie über die Freiheit und ihre Grenzen aufklären. Zweijährige werden Ihnen beibringen, wie man sich durchsetzt. Schulkinder werden Sie auf die vielen Möglichkeiten der kreativen und intellektuellen Entfaltung hinweisen. Teenager werden Ihre Geselligkeit und Ihren Freiheitsdrang neu beleben. Und sie werden Sie an die Höhen und Tiefen Ihrer ersten und späteren Lieben erinnern - was Sie hoffentlich verständnisvoller macht ... Erwachsene Kinder, die aus dem Haus gehen, werden Ihnen die Endlichkeit und Sterblichkeit aller Dinge vor Augen führen. (Aber sie entlassen Sie auch in die Freiheit Ihrer zweiten Lebenshälfte.)

Selbst wenn Sie keinen dieser Schritte bewusst und absichtlich tun, so wird doch allein das Wissen um den beschriebenen Prozess Ihr Leben und das Ihrer Kinder zum Besseren wenden. Sie werden Ihre Aufgabe besser machen als Ihre Eltern, weil Sie mit einem Vorsprung beginnen. Sie werden Überraschungen erleben, denn alte Erinnerungen und damit verbundene Gefühle werden Ihren Hirnzellen Zunder geben und die Erfahrungen anreichern, die Sie hier und heute machen.

Das Wiederaufarbeiten ist zum großen Teil eine positive Sache. Haben Erwachsene sich an und mit Ihnen gefreut, als Sie jung waren, dann wird es Ihnen nostalgisches Vergnügen bereiten, sich Ihren eigenen und anderen Kindern gegenüber genauso großzügig und anerkennend zu verhalten. Das Geheimnis einer guten Eltern- wie auch Partnerschaft besteht darin, sich zunehmend seiner selbst bewusst zu werden und seinen Horizont beständig zu erweitern. Dadurch werden Sie weniger reaktiv und aus Zwängen als vielmehr aus freier, überlegter Wahl heraus handeln.

Bei unserer Aufgabe als Eltern (wir sprechen hier aus eigener Erfahrung) ertappen wir uns immer wieder dabei, dass wir unversehens geradezu automatisch auf eine Weise reagieren, die uns nicht so recht behagt. Wir hören unsere innere Stimme stöhnen: »O weh, das darf doch nicht wahr sein, dass ich sowas sage/mache!« Das ist nicht weiter schlimm. Ihre Kinder werden Sie so lange vor solche Situationen stellen, bis Sie es richtig machen. (Und das ist doch echt hilfreich von ihnen, oder nicht?)

Schießen Sie Ihren Perfektionismus in den Wind. Schätzen Sie sich lieber glücklich, weiter lernen zu dürfen. Wenn wir den Buddhismus richtig verstanden haben, dann stirbt man, wenn man den Zustand der Perfektion erreicht hat. Wo bleibt da der Spaß?! Versuchen Sie einfach, immer Ihr jeweils Bestes zu geben. Die Menschheit veranstaltet ein einziges großes Staffelrennen, bei dem Sie Ihren Lauf absolvieren, um dann den Stab zu übergeben. Ihre Eltern gaben ihr Bestes, Sie spielen Ihren Part so bewusst und gut, wie Sie können, Ihre Kinder werden dasselbe bei ihrem Einsatz tun, und auf diese Weise wird die Spezies der Zweibeiner mit Fell auf dem Kopf wie gehabt ihren Weg fortsetzen.

Die Liaison von Sex und Romantik

Wenn Kinder in Ihr Leben treten, werden sie Ihnen viel Zeit und Energie abverlangen. Darüber kann die Paarbeziehung leicht vernachlässigt werden und zu kränkeln beginnen. Kindern indes ist es lieber, wenn es nicht zur Scheidung kommt. Daher liegt es auch in ihrem Interesse, dass Eltern sich bemühen, ihre Liebe am Leben zu erhalten.

Was ist es, das Familien Zufriedenheit und Glück beschert? Geleitet von dieser sehr sinnvollen Frage, stellte die Australierin Dr. Moira Eastman interessante Forschungen an. Ihre Ergebnisse lassen den Schluss zu, dass Eltern die Pflege ihrer Paarbeziehung sehr am Herzen liegen sollte.

Eltern sind die Architekten des Familiensystems. Ihre Beziehung ist der Grundstein des Wohlergehens der gesamten Familie. In den glücklichsten Familien, entdeckten Wissenschaftler, verknüpfte das Ehepaar ein außergewöhnliches Band der Liebe; es verband zwei Gleichgestellte, die einander aufrichtig respektieren. Eine derartige eheliche Beziehung stellte das stärkste Band in der Familie dar. Da sie sehr intim und eng ist, stützt und Kraft spendet, ist keiner der beiden Partner auf den Beistand oder die Gesellschaft der Kinder angewiesen. Solche Familien vermitteln den Eindruck, als würden zwei starke Maschinen gemeinsam den Familienmotor antreiben. Zudem erscheint der Kräftehaushalt der Eltern keineswegs erschöpft. Sie wirken von ihren Aufgaben weder überanstrengt noch überwältigt.

Das macht Sie neidisch, oder? Die entscheidende Frage heißt demnach: Wie können Sie beide Ihre Liebe erhalten, während die Kindererziehung Sie auf Trab hält? Die Antwort lautet: Indem Sie gut darin werden! Romantische Liebe ist eine erlernbare Kunst, eine Fertigkeit. Dieses Kapitel verrät Ihnen einige Geheimnisse dieser Kunst.

Die drei Geheimnisse der Liaison von Sex und Romantik

Romantische Liebe ist eine machtvolle Kraft. Trotzdem erfährt sie nicht viel Achtung. Zahlreiche Paare erleben sie anfänglich, doch dann erlischt allmählich das Feuer der Liebe, und sie begnügen sich mit einer Art »Wohngemeinschaftsverhältnis«. Sie tun romantische Liebe als einen jener hormonbedingten Gefühlszustände ab, in denen man sich verstrickt, wenn man jung ist.

Dass Liebe schwer faßbar und subtil ist, macht sie nicht weniger real. Die meisten wirklich machtvollen Kräfte der Natur – die Schwerkraft beispielsweise oder auch die radioaktive Strahlung – sind unsichtbar. Wenn Sie verliebt sind, dann erscheint alles um Sie herum anders: Die Welt glitzert, Sie haben mit einem Male ein Auge für den Reiz von Straßenlaternen und bemoosten Mauern. Kleinigkeiten gewinnen Bedeutung und rühren uns an ... Was wäre, wenn dieses das wahre Bild ist? Wenn dies die Art ist, auf die wir uns ständig durch das Leben bewegen sollten? Wenn Liebe die Fensterscheiben poliert, durch die wir die Welt betrachten, damit wir die Dinge endlich so sehen, wie sie tatsächlich sind? Weshalb lassen wir die Fenster, nur weil wir zu bequem und nachlässig sind, glanzlos und schmutzig werden?

Es fällt schwer, über die Liebe logisch zu schreiben. Poesie, Musik und andere Künste vermögen sie besser auszudrücken. Wir wollen hier dem persischen Dichter Dschelal ed-Din Rumi (1207-73) das Wort schenken:

> »Jenseits unserer Vorstellungen von richtig und falsch
> liegt ein Feld.
> Dort werde ich dich treffen.
> Wenn die Seele in JENEM Grase ruht,
> dann ist die Welt zu erfüllt, um über sie zu sprechen.
> Gedanken, Sprache, sogar der Begriff ›einander‹,
> sie machen keinen Sinn.«

Worte können Sie nur an die äußere Grenze der Liebe heranführen; die inneren Zusammenhänge müssen Sie selbst für sich herstellen. Das ist es, was wir hier versuchen wollen.

Wir halten die romantische Liebe oder kurz Romantik für jene Art von Liebe, die jeder Partnerschaft fürs Leben ansteht. Ihr Wesen läßt sich unserer Ansicht nach durch folgende drei Grundsätze einfangen:

1 Romantische und sexuelle Liebe sind zwei Seiten einer Medaille.

2 Romantische Liebe heißt, den anderen wie einen Fremden behandeln.

3 Romantische Liebe heißt, das Schöne wahrnehmen.

Lassen Sie uns nun tiefer in die Materie einsteigen und diese drei Punkte unter die Lupe nehmen.

1. Romantische und sexuelle Liebe sind zwei Seiten einer Medaille

In der unguten alten Zeit war romantische Liebe etwas, wonach die Frauen sich sehnten und worauf die Männer sich nicht verstanden. Dieses Fehlen einer gemeinsamen Basis hatte Millionen zerrütteter Ehen auf dem Gewissen.

Mitte des 20. Jahrhunderts waren die Männer oftmals emotional hölzern und in Sachen Romantik überfordert. Sie gaben erbärmliche Liebhaber ab; ihr mangelhaftes Feingefühl und Geschick, ihr schlechtes Gespür für Timing und Ambiente wirkten sich rasch tödlich auf das sexuelle Interesse und auch die Zuneigung ihrer Partnerinnen aus. Gleichwohl war dies selten einzig das Verschulden des Mannes. Die aufgrund der Erziehung unterentwickelte Selbstsicherheit, die mit Prüderie gepaarte Unkenntnis der Frauen und ihre Scheu, stilvoll und selbstbewusst zu verführen, Lust einzufordern, sie zu genießen und sich fallen zu lassen – auch das machte der romantischen Liebe den Garaus.

Die Unzulänglichkeit beider Parteien bewirkte, dass die Sehnsucht der Frau nach emotionalem Austausch und körperlicher Befriedigung ungestillt blieb. Der Mann wiederum kam sich ungeschlacht und unerwünscht oder aggressiv und sexuell verzweifelt (und manchmal alles zugleich) vor. Keinen traf die Schuld, die Konstellation war schlicht unglücklich verwirrt.

Die Vorstellung von Liebe und Romantik schien weitgehend aus Hollywood-Klischees gespeist, aus Rosen und Pralinen, Mondlicht und Schmuseblues. Diese Accessoires (ebenso die Kerzen, Massageöle und sanfte Musik des New-Age-Trends) sind allesamt von Wert. Denn sie haben mit Verwöhnen zu tun, geben uns das Gefühl von Besonderheit und fördern die Entspannung. Und das begünstigt das Aufkommen von Liebe. Doch aufgepasst: Äußerlichkeiten können nie vollwertiger Ersatz sein für wahre Liebe, die ebenso gut in einem Zelt im Regen erwachen kann. Ein Ehemann, der seiner Frau eine 1000 Dollar schwere Diamantenkette verehrt, doch dabei an die nächste Aufsichtsratssitzung denkt (oder im Lokal ihr lockendes Lächeln übersieht, weil er nervös nach dem Kellner Ausschau hält), hätte sich die Ausgabe sparen können. Auf Erden gibt es kein romantischeres Präsent, als jemandem seine volle Aufmerksamkeit zu schenken.

Praktischer Schritt 17:
Kultivieren Sie Ihre romantische Liebe

Damit die Liebe besser gedeihen kann, müssen Sie den richtigen Rahmen schaffen. Reservieren Sie einen ansprechenden, gepflegten Ort sowie Muße fürs Beisammensein. Achten Sie dabei unter anderem auf:

✗ **Ungestörtheit:** Versehen Sie die Tür Ihres Zimmers mit einem Schloß und die Fenster mit Vorhängen. Aus den anderen Räumen sollten möglichst wenige Geräusche eindringen. Statten Sie Ihr Reich mit einer Musikanlage aus. Erklären Sie es zur telefonfreien Zone. Schläft zeitweise ein Kleinkind im Elternzimmer, sollten Sie es früh zu Bett bringen. Sobald es ruhig schläft, können Sie es getrost in einen Nebenraum tragen, um ungestört Ihrem Liebesspiel nachzugehen. Danach können Sie das Kind wieder ins Zimmer holen.

✗ **Atmosphäre:** Verleihen Sie Ihrem Reich das Flair des Besonderen. Farben, Stoffe, Blumen, Düfte, sanfte Beleuchtung und ähnliches stimulieren die Sinne und steigern das Vergnügen. Misten Sie Kram aus, arbeiten Sie in dem Raum nicht, und missbrauchen Sie Ihr Bett nicht für Renovierungs- und Haushaltsdebatten!

✗ **Energiesparmaßnahmen:** Sex ist oft die letzte Aktivität eines anstrengenden Tages. Damit die Lust nicht der Müdigkeit zum Opfer fällt, empfiehlt es sich, die Kinder früher ins Bett zu schicken, selbst zeitiger schlafen zu gehen und der abendlichen Zweisamkeit Vorrang vor anderen Beschäftigungen zu geben.

✗ **Unternehmungen zu zweit:** Gehen Sie mit Ihrem Partner aus. Das ist selbst dann noch aufregend, wenn man es seit vierzig Jahren tut. Es beginnt unter anderem damit, dass man sich besonders um sein Aussehen kümmert und um jemanden, der auf die Kinder aufpasst. Mal sollte der eine, mal der andere Partner die Organisation übernehmen, das heißt eine Unternehmung vorschlagen, einen Babysitter beschaffen, Reservierungen vornehmen, das Auto fahren, kurz: den Partner verwöhnen. Sie können auch vereinbaren, gemeinsam zu Hause zu bleiben! Nehmen Sie diese Verabredungen so wichtig wie Arzt- oder Geschäftstermine.

✗ **Geben und Nehmen:** Wenn Sie sich beide erschöpft fühlen und Aufmerksamkeit brauchen, dann überlegen Sie, was Sie einander Gutes antun können. Du kochst Tee, und ich massiere dich, könnte ein Vorschlag lauten. Kleine gegenseitige »Geschenke« helfen Ihre Energiebatterien aufladen.

Wie es zur »Scheidung« von Sex und Romantik kam

Das 20. Jahrhundert erschwerte Männern und Frauen die romantische Liebe sehr, weil die moderne westliche Kultur einem kleinen Unterschied mehr Gewicht denn je beimaß. Männer und Frauen sind verschieden, ja. Aber sie sind nicht, wie manche Bücher weismachen wollen, so verschieden wie Mars und Venus.

Auseinander gerissen wurden Sex und Romantik durch die beiden Weltkriege, die Weltwirtschaftskrise und die Industrialisierung unserer Lebensweise. Mit den Fabriken und öden Bürotürmen des 20. Jahrhunderts entschwanden die Blumen und die Musik aus dem Dasein der Männer. Unser Leben verlor seinen Zauber: Uns Männer machte man glauben, wir wollten nur »das Eine« und Frauen das andere. Frauen fühlten sich als Sexobjekte, Männer als niedere Tiere!

Die weibliche und die männliche Sexualität sind verschieden – dermaßen, dass man unwillkürlich an eine Fehlplanung der Schöpfung denken mag. Es scheint, als hätte ein grausamer Gott die Menschheit, nur um ihr Steine in den Weg zu legen, mit gegensätzlichen sexuellen Begierden ausgestattet. Aber dem ist nicht so. Frauen geraten lediglich langsamer und durch andere Reize als Männer in Erregung. (Angemerkt sei hier, dass zwei Frauen und zwei Männer einander selbstverständlich nie vollständig gleichen. Im Übrigen weiß bislang niemand, in welchem Maße der Verhaltensunterschied der Geschlechter kulturell oder biologisch bedingt ist.)

Das Viktorianische Zeitalter schrieb Männern den sexuell aggressiven Part zu, während es Frauen – zumindest den »guten« – das Interesse an Sex absprach. Dank der Frauenbewegung der 1970-er Jahre und der von ihr bewirkten breiten Aufklärung dürfen Frauen sich endlich sexuell frei fühlen. (Auch die Männer lernen inzwischen, ihre Scham abzulegen, das heißt orgastischen Sex als ganzkörperliches – und nicht lediglich in der Ejakulation gipfelndes, weit weniger intensives – Lustgefühl zu erleben.)

Der Reiz der Jagd

Es lag nicht in der Absicht der Natur, dass Mann und Frau »inkompatibel« sind! Aber sie wollte zwischen beiden eine Spannung schaffen. Diese sollte dem Mann Gelegenheit geben, Zuverlässigkeit, Stärke und Engagement unter Beweis zu stellen –

unverzichtbare Eigenschaften eines guten Partners und Vaters innerhalb einer Spezies, die durch Schwangerschaft und Kinderaufzucht Eltern vor eine langwierige, anspruchsvolle Aufgabe stellt. Die Frau musste fest darauf setzen können, dass der Erzeuger ihrer Kinder an ihrer Seite bleiben würde.

Der Rhythmus der Jagd

Und so kam es zu jenem Balztanz, den die Menschheit weltweit aufführt. Er bringt und hält die besten und innigsten Paarbeziehungen zusammen. Kokettes Sträuben, Locken, Verfolgen und Verführen sind die Elemente seiner Choreographie, die sowohl die emotionale als auch die körperliche Zuneigung vertieft. Und auf diese Weise finden Romantik und Sex wieder zueinander.

Zeit ist alles

Heiterkeit machte sich in einem unserer Partnerschaftskurse breit, als ein Teilnehmer auf etwas zu sprechen kam, das fast alle anwesenden Paare aus eigener Erfahrung kannten: das »Badezimmer-Grapscher-Syndrom«. Ohne Arg, einzig auf der Suche nach seinen Socken, tappt der Mann ins Bad. Da entsteigt seine Frau nackt der Dusche. Beim Anblick des verführerischen Fleisches packt er nolens volens zu, voll der Liebe, aber ohne Vorwarnung (und mit kalten Fingern, brrr ...). Sie, ganz und gar nicht auf Sex eingestellt, kreischt auf und hüpft davon. »Na ja, den Versuch war's wert«, mag der eine Mann achselzuckend schmunzeln, während der andere sich eiskalt verschmäht und abgrundtief entmutigt fühlt. Das Thema »Badezimmer-Grapschen« bringt die meisten Paare zum Lachen. Wie dem auch sei: Es führt vor Augen, was im Schlafzimmer gut gehen und schieflaufen kann. Auch und gerade dort kommt es nämlich auf die Kunst des Timings und hautnahen Kontaktens an.

Ein guter Liebhaber muss Gespür für das richtige Timing entwickeln. Er muss beim Werben Ohren und Augen öffnen für subtile Signale – für Zeichen, die »Vielleicht« bedeuten, also weder ein klares Ja noch ein klares Nein, sondern: »Überzeuge mich!« Er braucht genügend Selbstvertrauen, um sich von den teils ernst zu nehmenden, teils lediglich zum Spiel gehörigen Rückschlägen und Aufschüben nicht irritieren zu lassen. Außerdem muss er respektvoll sein und in der Lage, einen Korb einzustecken und sich zurückzuziehen. Auch die Frau muss sich fair verhalten und darf ihre sexuelle Attraktivität nicht als Machtmittel einsetzen. Liebe verlangt eine Menge Feingefühl ...

Ist eine Frau überzeugt von ihrer Attraktivität und ihrem Recht zu warten, bis die Bedingungen für sie stimmen, dann führt sie womöglich eine Situation herbei, in der sie sich sinnlich fallenlassen kann. Beide Partner erfahren dabei, dass Sex ein Spiel ist, bei dem es um Jagd und Flucht geht, um Verstecken und Suchen, Verführung und Hingabe. Mitunter sind die Rollen vertauscht. Dies kann unter anderem hormonell bedingt sein: Mit zunehmendem Alter steigt bei Frauen der Testosteron-, bei Männern der Östrogenspiegel. Dadurch zeigen sich manche Frauen sexuell aktiver, manche Männer zurückhaltender.

Liebe ist spielerisch, und körperliche Liebe beginnt auf schelmische, ja beinahe kindhafte Weise. (Das macht übrigens die meisten Pornofilme so öde: Menschen, die voller Ernst Sex betreiben, aber nicht ineinander verliebt sind, sehen nun einmal leicht dümmlich und affektiert aus.) Im wirklichen Leben benehmen Liebende sich wie kleine Kinder: Sie kichern, necken sich, spielen Fangen und kennen keine Zwänge. Unermüdlich wiederholen sie die Muster ihres Spiels, das Schäkern und Zurückweichen, das Verfolgen und Abweisen und das überraschende Kapitulieren. In der Hitze des spielerischen Gefechts lädt sich nach einem uralten Prinzip eine »unerträgliche« Energie auf. Je stärker die Aufladung, desto lichtere Funken schlägt die physiologische und emotionale Entladung. Und umso größer ist die Chance, dass der emotionale Panzer verglüht und das Herz sich weit öffnet für das Universum und den anderen.

Und dieses Erlebnis wird immer schöner. So zufrieden Ihr Liebesleben Sie heute macht: es wird umso besser, je näher Sie einander kennen und je mehr gemeinsame Erfahrungen Sie gesammelt haben. Sexuelle Liebe ist eine Form der Kommunikation, eine Zwiesprache der Körper. Mehr noch: Mit zunehmender Innigkeit Ihrer Liebe bewegen sich im Verein mit den Körpern auch Ihre Seelen aufeinander zu.

Praktischer Schritt 18: Wie Sie Harmonie schaffen

Wenn Menschen regelmäßig Zeit zusammen verbringen, gelingt es ihnen nach und nach, ihr Verhalten besser aufeinander abzustimmen. Der Harmonie halber mag mal der Eiligere einen Gang zurückschalten, mal der Langsamere einen Schritt zulegen. (Ist er allein, kann jeder das ihm genehme Tempo einhalten.)

Die Harmonie gilt es tagtäglich, wenn wir – meist nach der Arbeit – wieder zusammenkommen, neu herzustellen. Sie können dies dem Zufall überlassen und so oft aufeinander prallen, bis Sie beide Ihre Kanten abgestoßen haben. Oder Sie versuchen, sich dem Ziel bewusst zu nähern, zum Beispiel indem Sie folgende Gewohnheiten einführen:

✗ Verbringen Sie nach der Arbeit zehn Minuten gemeinsam, und entspannen Sie bei einem Snack und/ oder Getränk.

✗ Verbringen Sie einige Zeit allein, um die Geschehnisse des Tages zu verarbeiten. Eventuell eignet sich dafür die Heimfahrt. Oder Sie ziehen sich eine Weile in den Garten oder die Werkstatt zurück, ehe Sie wieder für die »Begegnung« mit Ihrem Partner und das heimische Zusammensein bereit sind.

✗ Meditieren Sie gemeinsam mit Ihrem Partner oder der Familie.

✗ Erheben Sie Mahlzeiten und Schlafenszeiten zu Ritualen. Essen Sie in Ruhe und ohne laufenden Fernseher an einem Tisch. Sagen Sie den Kindern Gute Nacht, oder lesen Sie ihnen vor. Sorgen Sie für eine Atmosphäre des Miteinanders, damit Sie und Ihre Familie sich nicht wie vom Zufall zusammengewürfelte Pensionsgäste aufführen.

✗ Besonders viel Nähe schafft folgende Entspannungs-
übung. Vielleicht möchten Sie sie mit Ihrem Partner
einmal ausprobieren:

Legen Sie sich nebeneinander hin wie zwei Löffel im
Besteckkasten, die Körper in der linken Seitenlage und
aneinander geschmiegt, die Gesichter in eine Richtung
gewandt. Wer mehr Zuwendung benötigt, sollte »innen« liegen, sodass beider rechte Hand auf dem Herzen
des Partners ruhen kann. Machen Sie es sich in dieser
Lage bequem, schließen Sie die Augen, und konzentrieren Sie sich auf die Atmung. Gemeinsames Ein-
und Ausatmen fördert Harmonie und Gleichklang.
Manche vertiefen dieses Gefühl mit Hilfe der Einbil-
dungskraft, etwa indem sie sich vorstellen, ein warmes
Licht würde durch ihre Herzen und um ihre Körper
fluten und beide einhüllen in Liebe und Zärtlichkeit.

2. Romantische Liebe heißt,
den anderen wie einen Fremden behandeln

Jedes Paar verbringt Zeiten gemeinsam und Zeiten getrennt. Immer wenn Sie und Ihr Partner sich am Ende des Tages oder auch
bloß für ein Rendezvous wieder treffen: Seien Sie sich unbedingt
bewusst, daß Sie nicht derselben Person begegnen, von der Sie sich
am Morgen oder vor einer Woche verabschiedet haben. Kein
Mensch ist stets derselbe, vielmehr ändern wir uns von Stunde zu
Stunde. Dies zu begreifen ist ein entscheidender Punkt – und daher ist in der Liebe nichts wichtiger, als mit Augen und Ohren, Herz
und Verstand herauszufinden, welcher Mensch jetzt an Ihrer Seite
weilt, und sich genau diesem Menschen zuzuwenden. Und deshalb
können wir nicht oft genug die Frage stellen: »Wie geht es dir?«

Wenn wir dies versäumen, dann klammern wir uns an eine Sei-
fenblase, die unweigerlich bald platzt.

Praktischer Schritt 19:
Behandeln Sie den anderen wie einen Fremden

Wie treten Sie an eine Ihnen unbekannte Person heran, mit der Sie etwas Wichtiges besprechen müssen? Höchstwahrscheinlich sind Sie sehr aufmerksam und höflich, stellen vorsichtig Fragen und wägen Ihre Reaktionen sorgfältig ab. Es ist erstaunlich, dass wir mit Fremden – etwa in einem Geschäft oder Amt – höflich umgehen, unsere Partner und Kinder jedoch oftmals unglaublich grob ansprechen und behandeln. Das tun wir besonders gern bei vertraulichen Themen und dem ungefragten Austeilen von Ratschlägen und Kritik.

Machen Sie die Probe aufs Exempel, und behandeln Sie Ihren Partner (oder Ihre Kinder) einen Tag lang ebenso höflich wie zum Beispiel die Bedienung im Geschäft um die Ecke. Beobachten Sie, was geschieht ...

Die Annahme, man hätte es beim Partner Tag für Tag mit ein und demselben Menschen zu tun, kann bewirken, dass sich Blockaden aufbauen und Befürchtungen bewahrheiten. Ein Klient schilderte dies so:

»Es ist Abend und an der Zeit, zu Bett zu gehen. Den ganzen Tag schon habe ich gewusst, daß ich heute nacht Sex haben will. Abends ertappe ich mich dabei, daß ich Gloria entweder als gute (als meinen Hoffnungen entsprechende »sexy« Partnerin) oder schlechte (meine Hoffnungen enttäuschende) Frau bewerte. Meine Reaktionen auf Gloria hängen davon ab, wie ich die Gefühle einschätze, die sie mir entgegenbringt. Erscheint Gloria mir undurchsichtig, nicht als bequemes Spiegelbild meiner Wünsche, dann steigt Feindseligkeit in mir auf. Ich registriere kritisch jedes Indiz dafür, dass Gloria meine

Hoffnungen nicht erfüllt, zum Beispiel ihre unbefangene Aussage: ›Ich bin müde.‹ Sie ihrerseits beginnt dann, meine Ablehnung witternd, sich zu verspannen und zurückzuziehen. Mein Verhalten läuft nach dem Programm ab: ›Ich will Sex und erwarte/befürchte, dass ich ihn nicht bekomme.‹ Dieses Programm zerstört Intimität. In Situationen, aus denen es einst viele Auswege gab, bleibt uns heute nur noch einer übrig.«

Viele Paare sind dermaßen eingespielte Teams, dass niemand außer ihnen den Code ihrer Kommunikations- und Verhaltensmuster versteht. Der tiefere Sinn ihrer Wortwechsel bleibt Uneingeweihten verschlossen. Hinter den Diskussionen über das abendliche Fernsehprogramm zum Beispiel können sich lebenslänglich gültige Sexualverträge verbergen:

>»Heute abend gibt's gar nichts in der Kiste.« (Bis auf dich, Schätzchen ...)

>»Nein, da nicht ...« (Grinsen)

>Oder anders herum:

>»Kommst du ins Bett?« (Ich würd' gern ... Du weißt schon ...)

>»Ich glaube, ich schau' mir heute den Film an.« (Heute will ich nicht, Josephine.)

>»Hast du ihn nicht schon gesehen? ... Er dauert ziemlich lange.« (Du willst wohl nie mehr ...)

Probleme anderer Art sind vorprogrammiert, wenn ein Partner sich »hilfsbereit« verhalten will, sozusagen wie ein Sozialarbeiter in Sachen Sex:

>»Manchmal macht sie auf sexy, aber ich weiß, dass es aufgesetzt ist. Ich spiel' das Spiel mit, und mal ist es auch gut, aber andere Male macht es mir nicht wirklich Spaß. Dann fühle ich mich gönnerhaft behandelt, fühle mich wie ein Kind, nicht wie ein begehrenswerter Mann. Oder ich werde misstrauisch und frage mich, zu welchem Zweck sie mich umgarnt.«

Es ist traurig, sexuelles Interesse und einen Orgasmus vorzutäuschen. Und es hat stark selbstzerstörerische Züge, sich penetrieren zu lassen, ohne es emotional zu wollen.

Dies bedeutet nicht, daß Sie immer warten müssen, bis Sie beide mit hundertprozentiger Gewissheit miteinander schlafen wollen. Schließlich gibt es ein breites Repertoire, aus dem Sie lustvoll schöpfen können, ohne dass einer von Ihnen gegen seinen Willen verstößt. Es beschränkt Sex nicht auf den Koitus. Einander erotisch berühren – zärtlich, spielerisch, schläfrig, schnell oder ungestüm – kann genau das sein, was dem momentanen Stimmungsbarometer entspricht. Und es gibt jede Menge nette Sachen, die sich mit Penis und Vagina anstellen lassen ... Angst vor Schwangerschaft, Rücksichtnahme auf Gesundheit und Energiepotenzial, all dies verlangt Kreativität, nicht dass wir einander die kalte Schulter zeigen. Die beste Faustregel für das Finden und Halten sexueller Gleichgewichtigkeit lautet: Tun Sie, was Sie für richtig halten.

Sie werden nicht daran sterben ...

... dass Sie keinen Sex haben. Das ist (inbesondere für Männer) wichtig zu wissen. Die meisten Paare kennen wochen-, ja gar monatelange Phasen sexueller Enthaltsamkeit. Allerdings ist es ein Unterschied, ob das Sexualleben Höhen und Tiefen durchmacht oder mausetot ist. Finden Sie heraus, wie es um Ihres steht! Ist das Sexualleben gestört, dann meist auch der Kommunikationsfluss in anderen Lebensbereichen. Setzen Sie also dort den Hebel an.

Wenn sich beide Partner in der Beziehung wohl und akzeptiert fühlen, dann wird der Sex nicht zu kurz kommen. Bedenken Sie, dass Zuneigung, das Erledigen der Hausarbeit, Aufpassen auf die Kinder, Vorlesen von Gutenachtgeschichten, der mittägliche Anruf daheim usw. zum romantischen Gefühlsaustausch gehören und Kraft spenden. Sex endet im Schlafzimmer, beginnt aber selten dort. Der Partner, den es am stärksten nach Sex verlangt, tut gut daran, wenn er die Kinder ins Bett bringt, die abendlichen Hausarbeiten erledigt und insgesamt darauf achtet, dass der andere nicht komplett ausgepowert ins Bett fällt.

Where do you go to, my lovely?

»Where do you go to, my lovely, when you're alone in your bed?« lautet der Refrain eines bekannten Evergreens von Peter Sarsted.

J. WRIGHT

Masturbation (Warum erfindet niemand ein Wort, das angenehmer klingt?) dürfte ebenfalls jedem ein Begriff sein. Lexika erklären sie als geschlechtliche Selbstbefriedigung. Leider ist Sex für erschreckend viele Paare genau dies: Selbstbefriedigung mit Hilfe des Körpers ihres Partners. Ein Beleg dafür ist das Eingeständnis, in Gedanken mit einem anderen als dem tatsächlichen Partner zu schlafen. Diese Vorstellung ist übrigens recht weit verbreitet – obwohl gewiss niemand gern die Krücke für die sexuelle Phantasie des anderen spielt. (Anders liegt der Fall bei gemeinsamen, offen geteilten Phantasien.) Falls Sie meinen, zwar ein Sex-, aber kein Liebesleben zu haben, dann sind Sie vermutlich auch bereit, sich um eine befriedigendere sexuelle Kommunikation zu bemühen.

Praktischer Schritt 20: Sich bewusst berühren

Manche Männer und Frauen müssen es lernen, einfach »nur« zusammen zu sein. Bei der sexuellen Kommunikation geht es ebenso sehr um seelische und körperliche Empfindungen wie um Aktionen. Wie viel Vergnügen sie Ihnen bereitet, hängt davon ab, wie bewusst Sie sich Ihres Körpers sind.
Versuchen Sie sich an folgenden Übungen:

1 Lenken Sie Ihre Wahrnehmung auf Ihren rechten Fuß. Wie fühlt er sich an? Wohlig und warm? Oder kalt? Eingezwängt in einen zu engen Schuh? Während Sie dies zu erspüren versuchen, schalten Sie das Denken ab und gehen zum unmittelbaren Empfinden über. Sie sind nicht länger in der Zukunft oder der Vergangenheit, sondern im Hier und Jetzt. Sexuelle Kommunikation erfordert weit mehr »Spüren« als Nachdenken.

2 Es geht darum, den Unterschied zwischen »offen« und »verschlossen« zu spüren. Bemerken Sie zum Beispiel einen Unterschied zwischen der Vorder- und Rückseite Ihres Körpers? Welche Seite fühlt sich »offener« an, also weicher, wärmer, entspannter? Versuchen Sie, Muskeln und Haut Ihres Gesichts abwechselnd als »offen« und »verschlossen« wahrzunehmen. (Falls Ihnen dies schwerfällt, stellen Sie sich vor, Sie würden das Foto eines guten Freundes betrachten und dann einen feindseligen Fremden anblicken.) Stellen Sie sich vor, dass eine Person, der Sie uneingeschränkt vertrauen, Sie festhält oder sanft berührt. Nehmen Sie wahr, wie Ihre Muskeln und Haut allmählich offener und empfänglicher werden.

3 Nehmen Sie diese neuen Fähigkeiten mit ins Bett! Geben Sie sich, während Sie zusammen im Bett liegen und reden, sich sanft berühren oder in den Armen halten, ohne Zeitdruck Ihren Sinnesempfindungen hin. Versuchen Sie zu spüren, wie Berührungen Ihres Partners nicht nur punktuell begrenzte, sondern Ihren gesamten Körper erfassende Empfindungen auslösen. Wenn Sie wiederum Ihren Partner berühren, dann nicht fordernd oder heftig zupackend, sondern auf eine Weise, die seinen bzw. ihren Körper beruhigt und entspannt. (Manche walken und kneten und saugen an ihren Partnern, als käme Lust auf Knopfdruck auf.) Lassen Sie den anderen spüren, dass Sie ihn gern und voll Liebe berühren. Achten Sie darauf, ob es ihm gefällt, indem Sie seinem Atem lauschen oder sein Gesicht betrachten. Fragen Sie: »Magst du das?«, »Was hättest du gern?« oder Ähnliches. Gehen Sie auf Berührungen ein, indem Sie in den berührten Körperteil sozusagen einsteigen und Ihrem Partner entgegenkommen. So können Sie den angebotenen Kontakt voll auskosten. Eine Welt ungeahnt intensiver Freuden wird sich Ihnen auftun.

Vom Mut zur Aufrichtigkeit

Zu Beginn einer Beziehung versuchen wir oft nach Kräften, uns als der/die »Richtige« darzustellen und so zu verhalten, dass wir den anderen positiv beeindrucken und uns zugeneigt machen. Irgendwann aber wird uns klar, dass das auf Dauer zu sehr anstrengt und verunsichert. Echte Liebe kann sich nur entwickeln, wenn man aufrichtig im Sinn von unverstellt und authentisch ist. Führen Sie sich folgenden Dialog zwischen einem Therapeuten und einem Mann Mitte Dreißig zu Gemüt:

»Ich bekomme Angst, sobald mich eine Frau ernsthaft interessiert.«

»Wie gehen Sie mit dieser Angst um?«

»Nun, ich sehe die Frau mit kritischen Augen an, entdecke Mängel oder gebe mich reserviert.«

»Das hilft Ihnen todsicher!«

»Was soll ich sonst tun?«

»Haben Sie jemals daran gedacht, ehrlich zu sein?«

»Sie meinen, ihr zu sagen, dass ich mich ernsthaft für sie interessiere und Angst habe?«

»Ja, warum nicht?«

»Sie könnte mich ablehnen.«

»Weil Sie sind, wie Sie sind?«

»Hm, ja!«

»Dann haben Sie aber dickes Glück!«

»Wie bitte?«

»Sie haben sich Monate vergeblicher Liebesmüh erspart. Wenn die Frau Ihr wahres Wesen nicht mag, dann ist es doch besser, Sie wissen es sofort. Dann hat die Dame eben keinen Geschmack!«

(Auflachen) »Oder sie mag mich gerade so!«

»Ja dann kommen Sie tatsächlich ein gutes Stück voran.«

Es beginnt also mit einer Portion Selbstbewußtsein. Sie müssen sich selbst mögen, damit andere Sie mögen – diese Weisheit ist alt, aber immer noch wahr. Zwischen Gleichgültigkeit als dem einen und dem Wunsch, um jeden Preis zu gefallen, als dem anderen Extrem gibt es immer auch eine Mitte. Dort ist man am besten aufgehoben!

Immerzu reden Menschen von ihren emotionalen »Bedürfnissen«. Geradezu theatralisch werfen wir mit dem Wort »Bedürfnis« um uns. Dabei braucht der Mensch zum Leben nicht mehr als Luft, Wasser, ein Obdach, Nahrung und zuweilen eine Streicheleinheit. Alles andere sind »Wünsche«. Lassen Sie ab von infantilen Illusionen und Beteuerungen wie: »Ohne sie wäre ich nur ein halber Mensch!«, »Ohne seine Liebe würde ich sterben!« Lachen Sie über sich, und machen Sie dann ein für alle Mal Schluss mit der Melodramatik!

Das Leben in einer Partnerschaft ist ein ständiges Hin und Her. Es erinnert an eine Schaukel: Schwingen wir zurück, horchen wir auf unsere eigenen Gefühle und Wünsche. Schwingen wir vor, sprechen wir sie aus und beobachten die Reaktion des Partners. Zu sagen, was Sie wünschen, und zu hören, was der andere wünscht, dies ist der Takt eines nicht abreißenden und hoffentlich erfreulichen Dialogs.

Achten Sie, wann immer Sie sich Ihrem Partner wieder zuwenden, am Ende eines getrennt verbrachten geschäftigen Tages zum Beispiel oder morgens beim Aufwachen, auf Veränderungen. Sieht er müde, energiegeladen, nachdenklich, zufrieden aus? Womöglich müssen Sie beide, um wieder zueinander zu finden, noch einen Punkt der »Tagesordnung« klären. Ihr Partner mag zornig sein, aber nicht auf Sie! Wenn Sie sich ihm nicht jede Sekunde nahe fühlen, dann geben Sie nichts anderes vor. Lassen Sie sich Freiräume, und hängen Sie nicht ununterbrochen zusammen. Nähe ist etwas Zyklisches. Oft sind es Paare mit sehr unterschiedlichen Interessen und Beschäftigungen, die ihr Beisammensein am intensivsten genießen.

Auch die Einrichtung Ihres Heims kann sich positiv wie negativ auf die Liebe auswirken. Arrangieren Sie Sitzgelegenheiten besser nicht in einer Reihe vor dem Fernseher, sondern vis à vis. Wenn Sie Kinder haben, empfiehlt es sich, im Schlafzimmer ein Sofa für vertrauliche Gespräche und Verschnaufpausen aufzustellen. Ideal ist es, wenn jeder einen eigenen, nach seinem Geschmack ausgestatteten Raum besitzt. Je mehr wir voneinander lassen können, desto näher können wir uns kommen.

Romantik vermag Ihr Beisammensein permanent zu durchdringen. Freundlichkeit, Ermutigung, geteilte Freude, selbst Reibereien und Diskussionen erzeugen im Lauf des Tages eine »Spannung«, die nach baldiger Entspannung verlangt. Sogar Zank und Unnahbarkeit haben eine sexuelle Komponente. Keifende »Xanthippen« wollen im Grunde erreichen, dass ihrem angetrauten Hähnchen endlich der Kamm schwillt. Es ist höchst erotisch, dass jemand Ihre Meinung nicht teilt und Sie trotzdem unwiderstehlich anziehend findet. Liebenswürdiger, rücksichtsvoller Umgang bei der gemeinsamen Alltagsarbeit gibt Ihrem Liebesleben Nahrung und Energie.

Praktischer Schritt 21: Ein Heimkehr-Ritual

Die wichtigste Zeit des Tages sind häufig die Stunden, die wir nach der Arbeit zu Hause verbringen und die gern mit einem Tohuwabohu von Kindern, hastigen Mahlzeiten und Kommunikationsproblemen der Eltern ausklingen. Wir wollen hier ein Ritual vorstellen, das wir uns angeeignet haben und das inzwischen von vielen Paaren praktiziert wird:
Nehmen Sie sich, wenn Sie oder Ihr Partner heimkehren, unverzüglich zehn bis fünfzehn Minuten füreinander Zeit. Setzen Sie sich in Ruhe hin. Trinken Sie ein Glas Saft oder Alkohol, und essen Sie eine proteinhaltige Kleinigkeit wie Käse oder Salami, nach Lust und Laune auch Obstkuchen oder Erdnüsse. Kommen Sie beide zur Ruhe. Lassen Sie Ihren Atem und Herzschlag wieder den gemeinsamen Rhythmus finden; dies ergibt sich, sobald Sie Platz nehmen, reden und einfach die Zweisamkeit genießen.
Wenn Sie Kinder haben, müssen Sie ihnen beibringen, dass sie nicht stören und die Aufmerksamkeit beanspruchen dür-

fen. Bei kleinen Kindern heißt es konsequent bleiben: Wenn sie stören, müssen sie den Raum verlassen. Unterhalten Sie sich nicht nach dem Motto »Wer hatte den schlechteren Tag?« Sprechen Sie lieber über angenehme Themen. Diese wenigen Minuten werden Sie mental regenerieren, Ihren Motor mit neuem Kraftstoff versorgen, sodass Sie nicht mit leerem Tank das Essen vorbereiten müssen. Vor allem werden sie Ihre Einheit als Paar wiederherstellen. Und das verspricht einen reibungslosen Abend. Kinder werden von der elterlichen Harmonie profitieren, auch wenn sie sich für kurze Zeit etwas zurücknehmen müssen. Wenn Sie dieses Ritual einmal praktiziert haben, werden Sie es regelmäßig tun.

3. Romantische Liebe heißt, das Schöne wahrzunehmen

Man bekommt, was man wahrnimmt

Familientherapeuten lernen in der Ausbildung die vielen Details beachten, die Gespräche von Familie begleiten: das fast unmerkliche Verrücken eines Stuhls, wenn jemand Platz nimmt, das Stirnrunzeln eines Kindes über die Worte von Bruder oder Schwester, das plötzliche Anhalten des Atems, wenn ein bestimmtes Thema angeschnitten wird, und so weiter. Ohne die Miene zu verziehen, sagte Virginia Satir, Pionierin auf dem Gebiet der Arbeit mit Familien, ihren Schülern, in jeder Familie könnten in jedem Augenblick 1432 mögliche Dinge geschehen. Und sie fuhr lächelnd fort: »Aber keine Bange – was wichtig ist, wird wiederholt!«

Unsere sensorische Welt ist sehr komplex. Sogar beim Lesen dieses Buches sind Sie unmerklich Hunderten von (inneren wie äußeren) Reizen ausgesetzt, denen Sie Ihre Aufmerksamkeit zuwenden könnten. Wir erschaffen uns »unsere« Wirklichkeit, indem wir auswählend wahrnehmen. Wenn Sie hungrig sind, bemerken Sie alle Lokale, und wenn Sie sich nach Ihren Sprösslingen sehnen, dann sehen Sie überall Kinder.

Zu dieser selektiven Wahrnehmung tendieren wir auch und besonders bei Menschen, die uns nahe stehen. Stellen Sie sich vor, Sie haben einen schlechten Tag hinter sich. Ihr Partner kommt heim und spricht in der ersten halben Stunde fünfzehn verschiedene Themen an. Davon sind vier neutral, zehn positiv und eines negativ. Was tun Sie? Sie picken sich das negative heraus und brechen einen Streit vom Zaun. Dabei müssen Sie geschickt vorgehen – schließlich soll's aussehen, als hätte der andere Schuld. Der steigt dann auch tatsächlich in den Kampfring ein. Ha, Sie wussten schon immer, dass er ein Schuft ist! Endlich können Sie Ihrer Wut mit Fug und Recht freien Lauf lassen. Oder wenn Wut weniger Ihr Fall ist, einschnappen und die beleidigte Leberwurst spielen. Dann wird Ihr Partner Sie trösten, was beweist, dass er Sie liebt. Welch ein Verwirrspiel!

Worauf man seine sinnliche Wahrnehmung lenkt, was man hört und empfindet, hängt sehr von der Gewohnheit ab. Zum Beispiel spricht jemand, der auf dem Land wohnt, an einem sonnigen Tag eher davon, daß die Bauern Regen brauchen. Und Teilnehmer von Entspannungskursen kommen oft mit dem Gefühl der Entspanntheit und des Wohlbefindens so schlecht zurecht, dass sie in der Kaffeepause das Gespräch sofort auf Schreckensnachrichten bringen oder es in zynische Bahnen lenken, um sich wie gewohnt in ihrer negativen Grundstimmung suhlen zu können.

Im Familienkreis gilt die einfache Regel: Was auch immer Sie an Ihrem Partner und/oder Ihren Kindern beachten, wird an Bedeutung gewinnen. Jeder Partner ist schön und hässlich – je nachdem, wie Sie ihn betrachten. Jedes Kind ist ein Genie und eine Pflaume. Was zählt, liegt ganz an Ihnen. Nehmen Sie das wahr, wovon Sie sich mehr wünschen, konzentrieren Sie sich darauf – und beobachten Sie, wie es sich manifestiert.

Wenn Sie möchten, kommentieren Sie ruhig Ihre positiven Erlebnisse: »Es ist toll, sich so mit dir zu unterhalten. Das haben wir seit Ewigkeiten nicht mehr getan.« Mit ziemlicher Wahrscheinlichkeit wird Ihr Partner ungefähr so antworten: »Danke für das Kompliment. Auch mir tun solche Gespräche gut.«

Sie können Ihrem Partner und den Kindern zu verstehen geben, was Sie an ihnen mögen, indem Sie sie anlächeln, berühren, ermutigen, liebevoll sind und Anteilnahme zeigen. Sie können dies eher beiläufig tun oder auf deutlichere Weise. Leise Töne und lässige Anerkennungen dessen, was Ihnen gefällt, erweisen sich oftmals als wirksamer.

Wer Negatives erwartet, vermag durch entsprechend selektive Wahrnehmungen und Reaktionen durchaus zu bewirken, dass seine Befürchtungen sich bewahrheiten. Versuchen Sie also, sich umzuprogrammieren. Nehmen Sie das Schöne an Ihrem Partner wahr, an seinem Aussehen, seinen Bewegungen, seinen Worten und Taten. Halten Sie sich vor Augen, wie bezaubernd Ihre Kinder sind. Und wie wohlerzogen sie sich manchmal benehmen können! Wenn Sie dies tun, dann wird sich Ihre Familie verändern und Ihre gesamte Umwelt.

Praktischer Schritt 22:
Von sexuellem Missbrauch genesen

Leider gibt es nicht wenige Frauen und Männer, die als Kinder oder Erwachsene sexuell missbraucht wurden. Kein Wunder, dass viele von ihnen selbst beim Sex mit einem vertrauten und liebevollen Partner von qualvollen Empfindungen wie Schmerz und Angst überwältigt werden. Davon können Sie sich nach unserer Erfahrung am besten befreien, wenn Sie mit ihrem Partner vereinbaren, beim Liebesspiel die volle Kontrolle übernehmen zu dürfen.

Dies bedeutet, daß Sie jederzeit nur »Stop!« sagen müssen, damit der Partner innehält und ruhig abwartet. Sie sollten die Augen nicht schließen. Wenn Sie möchten, können Sie den Partner umarmen oder um seine Umarmung bitten. Oder Sie bleiben einfach liegen, schweigend oder redend. So können Angst und schmerzhafte Erinnerungen abklingen.

Indem das Opfer erhält, was ihm beim sexuellen Missbrauch entrissen wurde – die Kontrolle -, und indem es nicht flieht, sondern durch bewusstes Erleben erfährt, daß sein Liebespartner vertrauenswürdig ist, kann sein sexuelles Verlangen neu erwachen. In einer liebevollen Beziehung helfen Fürsorge, Geduld und die Bereitschaft, Verletzlichkeit zu zeigen, verwundete Sexualität heilen.

Praktischer Schritt 23:
Wie Sie sexuelle Energie aufladen

Der alteingeführte Begriff sexueller »Spannung« ist zwar nützlich, aber auch leicht irreführend, da er »Angespanntheit« suggeriert. Bioenergetik-Therapeuten sprechen, was sinnvoller ist und an die Lehre der Elektrostatik anknüpft, von »Ladung«. Angespannte Menschen können in ihrem Körper nur sehr wenig Ladung speichern. Sie ermüden schnell. Sie brauchen starke sexuelle Reize, um in Erregung zu geraten, und verlangen dann rasch nach »Entladung«. Ebenso schnell klingt ihre Erregung nach dem Orgasmus ab. Ein entspannter, empfänglicher Körper ist offener für subtile, unterschiedliche Reize, lädt sich in langsamen Wellen auf und kann die dem Orgasmus vorangehende so genannte Plateauphase lange genießen. Die Entladung währt länger und wird intensiver, den gesamten Körper erfassend erlebt.

In ihrem Buch »The Lover Within« stellt die Bioenergetik-Therapeutin Julie Henderson eine einfache Übung vor, die das Ladungs- und damit Lustpotential vergrößern hilft. Sie schlägt vor, sich sexuell zu stimulieren, allein oder mit Hilfe eines Partners. Unmittelbar vor Erreichen des Orgasmus sollte man aussetzen und ungefähr eine Stunde lang etwas anderes tun, sich Bewegung verschaffen oder ausruhen zum Beispiel. Dann setzt man das Stimulieren fort, allein oder mit Partner und nach Wunsch bis zum Orgasmus.

Übung macht den Meister, probieren Sie's aus. Der Schlüssel zum Geheimnis des Erfolgs liegt in der Entspannung, im bewussten Sicheinlassen auf den höheren Erregungsgrad. Sie werden feststellen, dass Sie immer mehr Ladung speichern können und mehr Energie entwickeln, und zwar nicht allein im sexuellen Bereich. Beim Sex mit Ihrem Partner wird diese Kunst Ihnen helfen, jegliches Ringen um den Orgasmus aufzugeben und sich unangestrengt den Empfindungen hinzugeben, statt unbedingt mehr erzwingen zu wollen. Warten Sie, wenn Sie »Anfänger« sind, jenen wundervollen Augenblick ab, in dem Sie spüren, dass der Orgasmus einsetzt. Entspannen Sie dann vollkommen Ihren Körper, vor allem die Oberschenkel, Gesäß- und Beinmuskeln. Die meisten Männer berichten, dass sie dadurch den Orgasmus als ein weit stärkeres, ihren ganzen Körper durchströmendes Gefühl erleben.

»Fortgeschrittene« können diese Kunst des Entspannens beziehungsweise sich Fallenlassens dann zu früheren Zeitpunkten des Liebesspiels anwenden. Gehen Sie nicht nach einem Programm vor – versuchen Sie's einfach, wenn Sie daran denken. Annehmen können ist eine wichtige

Fähigkeit, denn beim Sex geht es ebenso um das, was Sie empfinden, wie um das, was Sie tun.

Wenn Sie sich beim Höhepunkt entspannen und ein wenig loslassen können vom Verlangen nach mehr, dann werden Sie vielleicht erleben, dass Ihre Lust verschmilzt mit der puren Wonne des Gefühls, ineinander zu sein, und dass Fordern und Hingabe sich zyklisch abwechseln. Männer werden ihre Erektion mühelos lange halten können. Nicht der Versuch, sich zu beherrschen, hilft ihnen dabei, sondern das Gegenteil: das Entspannen. Entspannung vermag sehr wohl ein leidenschaftliches, starkes Lusterlebnis zu bereiten, allerdings stets auf unangestrengte, fließende Weise.

Praktischer Schritt 24:
Sex als ein Weg der emotionalen Läuterung

Einige Frauen und Männer erzählten uns von überraschenden Reaktionen beim und unmittelbar nach dem Orgasmus. Manche schluchzten und weinten, die einen wurden von Wut, die anderen von Bildern und Gefühlen der Gewalt übermächtigt. Überraschend sind diese Reaktionen nur scheinbar. Sie sind das Gepäck, das Sie im Kampf gegen die Fährnisse des Lebens angehäuft haben und nun in der Geborgenheit und Entspanntheit, die Ihr Körper empfindet, deponieren. Nehmen Sie diese Emotionen an, und lassen Sie sich von ihnen durchdringen. Dann werden Sie dem Gefühl warmer Zärtlichkeit weichen.

Zärtlichkeit und innige Liebe sind weder Einbildungen noch flüchtige postkoitale Effekte. Sie sind schlichtweg die echten, unverfälschten Gefühle, die sich einstellen, wenn Sie, sei es auch nur für kurze Zeit, Ihre übliche Zurückhaltung ablegen.

Vor allem wenn Ihr Partner gewöhnlich der passive Part ist, sollten Sie sich beim Sex abwechselnd die Führung überlassen. Dies gibt Ihnen beiden Gelegenheit, sich auf den Genuss des Empfangens zu konzentrieren. Nehmen Sie sich mehr Zeit für Massagen, und zwar sowohl beim Liebesspiel als auch ohne erotische Absicht. Beim Massieren lernt Ihr Körper, sich zu entspannen, und es entwickelt sich eine Form der Kommunikation, die über das hinausgeht, was Worte ausdrücken können.

Öffnen Sie die Augen, wenn Sie den Höhepunkt der Lust erreichen. Schauen Sie Ihrer/Ihrem Geliebten in Gesicht und Augen. Sehen Sie sich so, wie Sie wirklich sind.

Und schließlich werden Sie auch verstehen, weshalb das Tantrische Yoga Sex als Form der Meditation begreift, als einen Weg zur Vereinigung mit Gott.

Liebe als Lebensziel

Die romantische Liebe ist weder die höchste Form der Liebe noch alleiniger Brennpunkt unserer Lebensenergien. Vielmehr ist sie ein Fundament, auf das wir aufbauen können: Wir sind umgeben von Freunden, von Kindern, von Arbeit und der Natur – es ist nur goldrichtig, wenn wir in unserem Umkreis unsere Liebe aussäen.

Gleichwohl ist romantische Liebe ein wesentlicher Quell der Freude, Gesundheit und Sicherheit und daher eine erstrebenswerte Kunst. Wir alle sind eines Tages wieder allein. Bis dahin aber suchen wir sie, die Nähe zu einem Menschen. Und haben wir sie gefunden, dann wollen wir sie vertiefen. Selbst wenn uns dies nur für kurze Zeit gelingt, entwickeln wir eine Energie, die sich der Welt um uns herum mitteilt. Das Leben wird schöner und qualitätvoller. Romantik verleiht dem Leben einen unvergleichlichen Glanz, und wir wünschen jedem viel Glück, der sich auf sie einlassen will.

J. WRIGHT

Weiterführende Lektionen

> Sie leben auf diesem Planeten,
> um lieben zu lernen. Mehr nicht.

Sie (im Stillen): »Soll ich endlich anfangen, den bedeutendsten Roman der Weltgeschichte zu schreiben? Oder soll ich doch die Windeln wechseln?«

Er: »Was stinkt hier so grässlich?«

Sie: »Es war in einer finsteren, stürmischen Nacht ...«

Er: »Häh?«

Warum?

Warum morgens aufstehen? Warum Urlaub machen? Warum zwanzig Jahre lang Kinder großziehen?

Manchmal tun wir das genau Richtige, ohne zu wissen warum. Und oft erkennen wir erst mit großer Verspätung die Gründe unseres Tuns. Sich verheiraten und Kinder bekommen ist ein glänzendes Beispiel dafür. Sollten Sie einmal die Orientierung und Motivation verlieren (und wer täte das nicht?), dann katapultieren Sie sich am besten mental ins All und betrachten aus erhabener Höhe das Panoramabild Ihres Lebens.

Menschliche Motivation ist im Grunde eine simple Angelegenheit: Wir tun, was wir tun, weil es uns ein gutes Gefühl gibt. Äußerliche Handlungen geschehen stets zu innerlichen Zwecken. Ob wir surfen oder Kranke pflegen, wir tun es, um uns gut und dem Leben enger verbunden zu fühlen.

Es mag paradox erscheinen, dass das, was uns gut tut, nicht unbedingt zu Habgier, Grausamkeit und schnödem Ausnutzen anderer führt. Das ist nur bei Menschen der Fall, die mit ihrem Egoismus außergewöhnlich zu Rande kommen. Daher nehmen diese zerstörerischen Kräfte, obzwar sie sich seit Menschengedenken auf unserer Welt bemerkbar machen, nie völlig überhand. Letztendlich verschafft es uns ein gutes Gefühl, das zu tun, was allen gut tut.

Humaner Egoismus

Unserem Freund Ross wurde unvermutet Geld – irgendein seit Jahren überfälliges Autorenhonorar – beschert. Das war zur Weihnachtszeit 1985. Ross saß, sein sechs Wochen altes Baby auf dem Knie, vor dem Fernseher und sah den ersten Filmbericht über die Hungersnot in Äthiopien. Er dachte einige Stunden darüber nach. Dann stellte er einen Scheck über den Gesamtbetrag seiner Tantiemen aus und schickte ihn einer Hilfsorganisation, von der er wusste, dass sie das Geld sinnvoll einsetzen würde. Immer wenn die Medien über Äthiopien berichteten, erzählte er uns später, fühlte er sich gut. Bezeichnenderweise hatte der Film, der ihn zu seiner Spende bewegt hatte, Eltern gezeigt, die ihre kleinen Kinder genauso hielten wie er sein Baby. Dadurch fühlte Ross sich unwillkürlich ihnen verbunden und tief erschreckt von der Vorstellung, sein Kind nicht ernähren zu können.

Als Kind hat man Ihnen wahrscheinlich gesagt, Egoismus sei ein schlechter Charakterzug. Vielleicht sollten wir besser die positiven Seiten unseres Egoismus nutzen. Ross sah die Fernsehnachrichten mit von Elternliebe erfülltem Herzen und bezog seine »egoistische« Freude aus der Gewissheit, dass er nach besten Kräften den Hungernden half, die ihn auf dem Bildschirm angesehen hatten. Unsere Bedürfnisse gehen über uns selbst hinaus; sie scheinen nach immer Höherem zu streben. Wir sind darauf programmiert, uns zunehmend integrativ, zunehmend »richtig« zu verhalten.

Haben Sie einmal spielende Kätzchen beobachtet? Wie sie unermüdlich herumtollen, herumsausen und -purzeln und ihre Welt erkunden? Das innere Programm von Katzenjungen zielt darauf ab, sich durch Spielen perfektes Jagdverhalten anzueignen.

Menschen sind mit einem Lernprogramm ausgestattet. Wir geben das Erkunden nie auf. Genügend zu essen und ein Zuhause zu haben, geliebt und geschätzt zu werden reicht uns nicht. Wir streben weiter, streben nach Selbstverwirklichung, nach dem Einssein mit dem Leben, nach mehr. Irdisches menschliches Handeln macht wahren Sinn nur, wenn wir uns des Strebens nach individueller Transzendenz bewusst werden. Dieses Transzendieren besteht im synergetischen Verschmelzen von Überzeugungen, Wissen, Emotionen und Handeln. Gelegentlich, stoßen wir in einen solchen Zustand vor, und diese Augenblicke sind wundervoll.

Wir sind dazu bestimmt, nach der Wahrheit zu suchen und Leben zu spenden – von diesem Selbstbildnis ist in unserem modernen Alltag wenig zu sehen. Es deckt sich schlecht mit dem Menschenbild, das die Medien uns täglich präsentieren. Jeden Abend beschreiben die Fernsehnachrichten detailgenau die winzigen Fleckchen des Erdballs, an denen die Menschheit vom rechten Weg abkommt, statt mit Sinn für die Proportionen zu berichten:

>Hier die Nachrichten vom Tage. Sechs Milliarden Menschen wurden heute satt, haben zusammengearbeitet und ihre Kinder bestens behandelt. Einige machten Schnitzer, aber das ist kaum der Rede wert. Und nun das Wetter ...«

Die innere Schönheit entdecken

>Geboren werden wir nur mit dem Potenzial, menschlich zu sein«, konstatierte Robert Carkhuff. Menschen, die in Liebe aufwachsen, entwickeln eine starke, individuelle, herzliche, idealistische und dennoch praktisch denkende Persönlichkeit. Sie geben der Welt ihr besonderes Gesicht.

Wir alle wollen uns guten Gewissens wohl fühlen, und deswegen bemühen wir uns, richtig zu handeln. Daher rühren all unsere Passionen, auch die Schuldgefühle und Verwirrung. Unsere äußere Welt besitzt Bedeutung lediglich als Kulisse für unsere individuelle und kollektive Erlösung. Allein die Seelenreise zählt, alles andere ist Bühnendekor.

Ein Bekannter von uns baute ein Haus aus edlem einheimischem Holz. Eines Nachts brannte das Haus ab. Unser Bekannter verlor seine gesamte Habe und musste mit seiner Familie einen langen kalten Winter im Wohnwagen verbringen. Während wir vor Mitleid und Sorge außer uns waren, ließ er kein bisschen den Kopf hängen. Der Hausbau hatte ihm Spaß gemacht, und nach vollendetem Werk war's ihm ohnehin etwas langweilig geworden. Für das neue Haus hatte er bereits ein paar tolle neue Ideen!

Unser Tun zielt ausnahmslos darauf ab, ein inneres Gleichgewicht herzustellen. Wenn wir ein gelungenes Kunstwerk betrachten oder einem bewegenden Musikstück lauschen, dann spüren wir, wie diese Schönheit sich in uns spiegelt und unsere Stimmung hebt. Indes liegt die Schönheit in uns: Das einsam in einem Museum ausgehängte Gemälde besitzt keine Schönheit; es gewinnt sie erst, wenn jemand es betrachten kommt und in sich die Schönheit trägt, es zu bewundern. Die materielle Welt – sie schließt die Menschen um uns herum ein – stellt das Werkzeug dar, mit dem wir unsere Seele läutern. Wir wollen uns innerlich schön fühlen, und deshalb suchen wir das Schöne außen. Wir wollen uns friedvoll geborgen fühlen, und deswegen versuchen wir, eine friedliche Welt aufzubauen.

Wenn Sie erst einmal erkannt haben, dass einzig Sie selbst es sind, der Sie umtreibt, dann wird sich ein gewisser Mangel an Ernst in Ihre Anschauung der Welt einschleichen. Er hat mit Zynismus nichts zu tun. Er zeugt von einer heiteren Gelassenheit, die Sie von tiefer Traurigkeit, Wut und Angst zwar nicht befreit, aber dafür sorgt, dass solche Gefühle verfliegen. Sie werden bemerken: Wertigkeit gründet auf der Bedeutung, die Sie Angelegenheiten beimessen. Sie entscheiden, was Ihnen wichtig ist – die Kinder zum Beispiel, Ihre Arbeit oder ein Thema, für das Sie sich engagieren wollen. Und indem Sie dies tun, leben Sie intensiver.

Eine Familie zu gründen gibt uns die beste Gelegenheit, lieben zu lernen. Beim Lieben, Spielen und entzückten Lachen über die Kinder können wir von alten Wunden, die Ungeliebtheit uns geschlagen hat, genesen und unseren Frohsinn wieder wachkitzeln. Wenn aus den Kleinkindern Teenager geworden sind und wir ihnen helfen, auf eigenen Beinen zu stehen, ihre Begabungen und Interessen herauszufinden, dann entdecken wir sie wieder, unsere Begeisterungsfähigkeit und Entschlusskraft. Dabei hält der Partner, der uns bei diesem Werdegang begleitet, uns einen Spiegel vor. Unentwegt fordert er uns auf, die Häute unserer Falschheit abzustreifen, bis wir eines Tages schutzlos, aber so, wie wir wirklich sind, vor ihm stehen. Wir setzen ständig Werte, stiften Leben, lieben uns. Während wir das tun, wächst in uns das Gefühl von Zuversicht. Es speist sich nicht allein aus Zufriedenheit, sondern auch aus dem nahezu heldenhaften Mut, den wir bei unserem Tun beweisen. Wir sind kurz davor, den richtigen Weg einzuschlagen.

Eine Geschichte zum Abschluss

Es kommt immer darauf an, die Dinge in ihrer relativen Bedeutung zu sehen.

Wir leben in einem Universum, das, soweit wir wissen, überwiegend aus Feuer und Staub besteht und aus weitem, leerem Raum. Inmitten einer Wüste von Sternen hat es auf einigen feuchten, grünen Pünktchen Leben hervorgebracht. Dieses Leben wirbelt und rekombiniert sich auf äußerst komplexe, mannigfaltige Weise. Ihre Fingerspitze und das Blatt einer Blüte zum Beispiel bergen eine reichere Vielfalt als die kommende Million von Lichtjahren der Leere.

Mitunter stolpern wir blind durchs Leben und bemerken erst, wenn es erlischt, wie kostbar und einzigartig es ist. Ergreifende Gefühle tränken die Trauerrubriken von Zeitungen – Gefühle, die man besser in der Mitte des Lebens hätte äußern sollen. Die Menschen nehmen das Wunderbare als selbstverständlich hin. Bis es nicht mehr da ist ...

Diese letzte Geschichte ist unsere eigene. Unerwartete Ereignisse schweißten Verantwortung und Emotion zu einer engeren Fusion zusammen, als wir es je für möglich gehalten hätten. Viele Eltern, die dieses Buch lesen, werden einen derartigen Qualitätssprung vollzogen haben und verstehen, was wir meinen ...

> Es ist ein Wintersonntag, etwa vier Uhr nachmittags. Ein paar Verwandte sind zu Besuch. Unser neun Wochen alter Sohn Rohan macht im Schlafzimmer ein Nickerchen. Er schläft seit ungefähr einer halben, vielleicht auch einer dreiviertel Stunde (solchen Details schenkt man erst im Rückblick Beachtung). Shaaron geht ins Schlafzimmer, um nach ihm zu sehen. Ich höre

sie gellend meinen Namen rufen. Ab diesem Punkt wird alles anders.

Das Hirn arbeitet manchmal verblüffend schnell: Schon jetzt weiß ich, dass ich's nicht wissen will. Ich will nicht ins Schlafzimmer gehen, aber ich tu's doch. Shaaron zieht und zerrt an Rohan herum. Sein Gesicht ist blau und ohne Regung, die Pupillen seiner kleinen Augen sind beängstigend nach innen gerollt. Wir schreien: »Atme, Rohan! Atme!« Shaaron beginnt mit der Mund-zu-Mund-Beatmung. Ich denke: »Nun, sie ist Krankenschwester. Sie bringt's schon in Ordnung.« Aber sicher bin ich mir dessen gar nicht. Ich renne zum Telefon im Zimmer nebenan und wähle 000. Das gelingt mir erst beim dritten Anlauf, so sehr zittert meine Hand (genauer: mein gesamter Körper). Ich ringe um Fassung und komme endlich durch. Die Vermittlung nimmt mich ernst und handelt richtig. Binnen Sekunden spricht die Ambulanz mit mir. Sie reagiert präzise, ruhig und schnell: Man ist schon unterwegs.

Shaaron sagt: »Ich glaube, sein Herz schlägt noch.« Ich kann ihr nicht in die Augen blicken. Abwechselnd blasen wir Luft in Rohan; unsere Münder bedecken mühelos sein winziges Gesicht und Näschen. Er fühlt sich kalt an. Ich blase sanft, um nicht seine zarten Lungen zu verletzen. Wir achten verzweifelt auf ein Lebenszeichen, doch es ist keines zu erkennen. Die Augen sind immer noch nach innen gerollt, und sein kleiner Körper ist vollkommen schlaff. Ich spüre, er ist nicht wirklich da. Unablässig rufen wir: »Wir wollen dich! Wir lieben dich! Bleib am Leben, Rohan!« Das erscheint mir nicht verrückt, weder in diesem Moment noch in der späteren Rückschau.

Shaarons Schwester stürzt mit einem eiskalten Waschlappen herein. Wir legen ihn auf Rohans Körper, damit der Schock ihn wieder zu sich bringt. Er regt sich ein wenig – vielleicht, man kann's schwer sagen. Wir beatmen ihn weiter. Er ist weder tot noch richtig lebendig. Es geht darum, dass wir weitermachen, bis die Ambulanz eintrifft. Endlich kommt sie.

Sauerstoff hilft, die Blaufärbung nimmt etwas ab. Das Schalten und Walten von Fremden in meinem Haus irritiert mich zunächst, doch ich gewöhne mich schnell daran. Ein zweites Einsatzteam trifft ein, das (wie wir vermuten und man uns später bestätigt) »Team für tote Babys«. Man wechselt einige Worte, dann fährt dieses zweite Team wieder fort. Wir tragen Rohan in einem Gewirr von Schläuchen und Apparaten hinaus auf die alltäglich aussehende, vom Regen grüne Straße. Schauen unsere Nachbarn zu? Bestimmt, denn auf dem Rasen vor unserem Haus sieht es aus wie bei Filmdreharbeiten. Wir fahren im Krankenwagen langsam durch vertraute Straßen, die wir nie mehr mit denselben Augen sehen werden. Alles mir Wichtige ist im Innern des Wagens. Das Draußen zählt nicht, ist bloß ein Traum.

Es ist noch nicht überstanden. Im Krankenhaus werden die Sanitäter nervös; sie scheinen sich über die Schwestern in der Notaufnahme zu ärgern, schon ehe sie mit ihnen sprechen. Ich hab davon gehört. Fragt eine Schwester, was passiert ist, erhält sie zur Antwort: »Holen Sie den Arzt. Wir wollen die Prozedur nicht dreimal durchmachen.« So oder ähnlich soll's zugehen. Aus irgendeinem Grund empfinde auch ich, zusätzlich zu meiner Furcht, Ärger. Wir haben ein lebendes Baby, das zwar wieder atmet und rosig ist, aber immer noch sehr benommen und unnatürlich schläfrig. Was war die Ursache? Wir warten in einer Kabine mit Vorhang. Kranke und Schwestern laufen umher, Leute kommen und gehen. Schließlich kommt ein junger Mann herein, ein Arzt: »Was war los?« Wir erzählen. Er sagt nichts und – geht weg! Endlich, uns kommt es vor wie eine Ewigkeit, kehrt er zurück. »Dem Kind scheint es wieder gut zu gehen. Es ist wohl in Ordnung, wenn Sie jetzt heimfahren.« Weiß er nicht, wie sehr solch ungenaue Aussagen beunruhigen? Wir wollen nicht nach Hause! Wir wollen wissen, was genau vorgefallen ist und warum! Ist Rohan gesund? Kann sich der Anfall wiederholen? Wir bestehen darauf, im

Krankenhaus zu bleiben. Lässige, plaudernde Angestellte lassen mich in der Rezeption warten. Für sie ist's ein Tag wie jeder andere. Dann werden zehn lange Minuten Formulare ausgefüllt. Wir haben noch unsere Hausschuhe und alten Trainingsanzüge an und halten unser Baby fest, das in eine Decke von der Ambulanz gewickelt ist. Ich bin benommen, verärgert und fühle mich herumgeschoben.

Ungezügelte, heftige Impulse beuteln mich. Ich gehe zurück in die Notaufnahme. An einem Schreibtisch entdecke ich den jungen Arzt. Er ignoriert mich, also reiße ich ihn aus seiner Schreibarbeit. Ich komme mir idiotisch vor, als ich diesen Mann anflehe und mich für die Störung entschuldige. »Ich weiß, Sie müssen Formulare ausfüllen, aber was fehlt meinem Kind? Hat es Schaden davongetragen? « Er blickt mich zerstreut an. Nein, es dürfte alles okay sein. Seine flapsig unbestimmte Ausdrucksweise zermartert mir das Hirn. Natürlich, meine Frage ist dumm. Er kann's nicht wissen. Niemand kann es jetzt schon wissen. Wir gehen hinauf zur Babystation. Man will nochmals hören, was genau geschehen ist. Wir erzählen, man ist freundlich und weist uns einen Raum zu, in dem wir und unser Baby schlafen können.

Wir bitten um ein Atemüberwachungsgerät für den Fall, dass wir einschlafen und der Vorfall sich wiederholt. Das entfacht eine Diskussion – wenn wir besorgt sind, sollte man's vielleicht auch sein. Man beschließt, uns vorsichtshalber auf der Wachstation unterzubringen. Also ziehen wir von unserem Zimmer in eine Station voller anderer kleiner Patienten und besorgter Eltern um. Das lässt uns unser Problem zumindest in einer anderen Relation sehen. Nachts halten wir abwechselnd Wache. Ich betrachte durchs Fenster die Sterne und lausche dem schönsten Geräusch auf dieser Welt: dem sanften Atmen unseres Babys.

Am Morgen treffe ich auf dem Gang eine Oberschwester, die ich kenne. Ich erzähle ihr kurz, was passiert ist. Sie schaut mich verständnisvoll an. Mit einem Mal kommen mir die Tränen. Sie nimmt mich in den Arm, und zum ersten Mal seit zwölf Stunden bin ich wieder bei Sinnen. Zurück auf der Station, zieht die Zeit sich dahin. Wir wollen nicht länger auf die Diagnose warten. Wir entlassen uns selbst und fahren heim.

Wir erreichen unser hübsches Haus und atmen wieder frische, saubere Luft. Wir gehen hinein und sind plötzlich gebadet in Tränen der Erleichterung darüber, dass es vorüber ist. Wir drehen Rockmusik auf volle Lautstärke und tanzen zur Feier des Tages. Rohan ist noch ein bis zwei Tage schläfrig, doch schon bald spielt und lacht er wieder, und man könnte meinen, es sei nie anders gewesen. Wochenlang weichen wir nicht von seiner Seite, und monatelang schlafen wir neben ihm, halten Nachtwache und horchen auf seinen Atem. Mit der Zeit jedoch lässt die Anspannung nach.*

Wir sprechen weder mit Freunden noch mit Verwandten über den Vorfall, damit keine ängstliche Atmosphäre unser Kind verstört. Bei uns beiden löst das Erlebnis zunächst ein Trauma und nach Wiederherstellung des seelischen Gleichgewichts schließlich Dankbarbeit darüber aus, dass uns dies widerfahren ist. (Befremdet Sie das? Sterbende Krebspatienten, denen wir beistanden, haben uns offenbart, sie seien dankbar für die Krankheit, weil sie sie leben gelehrt habe.) Wir sprechen von dem Ereignis als Rohans »zweiter Geburt«. Diese Erfahrung hat uns zur Familie gemacht. Dankbar sind wir für jenen Augenblick, in dem wir in Rohans Schlafzimmer in unserem Bestreben vollkommen eins wurden und wie vom Blitz getroffen erkannten: Wir lieben einander, wir lieben dieses Kind, und wir wollen sehnlich, dass es lebt. Dieses Gefühl hat uns nie wieder verlassen.

---

* *Einige Leser dieses Buches werden ihr Baby durch den Plötzlichen Kindstod verloren haben. Man muss wissen, dass unser Baby noch* *einen Herzschlag hatte und sein Körper warm war; deshalb war eine Wiederbelebung möglich. Die Ursache des Vorfalls ist uns bis heute unbekannt. Unser Hausarzt äußerte die Vermutung, es könnte sich eventuell um eine ungewöhnliche Reaktion auf die Dreifachgabe von Antigenen handeln, die Rohan zwei Tage zuvor gespritzt worden war.*

Leben mit allen Fasern

Liebe macht Sie lebendig. Ein Vater sagte uns: »Erst als ich ein Kind, das ich selbst gezeugt hatte, in den Armen hielt, begriff ich, was Leben bedeutet. Bis dahin war ich ein Roboter gewesen. Meine Kinder erweckten mich zum Leben.«

Keine Bergbesteigung strengt mehr an als die ersten zwölf Monate der Elternschaft, und keine Ehrenauszeichnung bereitet mehr Freude als der Anblick Ihres Kindes, das mit weit ausgebreiteten Armen auf Sie zuläuft. Kinder haben stillt eine Vielzahl elementarer Bedürfnisse und Wünsche. Wir alle wünschen uns täglichen Körperkontakt, der von Vertrautheit und Gefühlstiefe getragen wird. Wir brauchen kontinuierliche Interaktion, um mit Menschen, die unsere Worte verstehen und an ihnen Anteil nehmen, unser Leben zu besprechen, während wir es leben. Wir leben auf durch die Kraft und Gelöstheit, die wir aus gutem Sex beziehen, der sich nur aus Vertrauen und gemeinsamer Erfahrung ergibt. Wir brauchen die Sicherheit und die Freiheit, die verlässliche Beziehungen uns schenken. Wir brauchen die Herausforderung langfristiger Verpflichtungen, die Herausforderung einer Bindung, die dauerhaft und innig ist und bisweilen schwierig, aber den Einsatz unbedingt wert.

Ob Sie einen festen Partner und vielleicht dazu noch Kinder haben, ist übrigens unbedeutend. Sie finden Äquivalente. Wenn wir wollen, dann können wir bei jeder Interaktion mit jedem Lebewesen, dem wir begegnen, lieben. Wir alle sind Eltern, wir alle sind Kinder, und wir alle sind Liebende. Da können wir's eigentlich auch mit gutem Stil sein.

EINE SCHLUSSBEMERKUNG

> Versuchen Sie nicht, sich in den Augen
> Ihres Geliebten zu entdecken!

»It starts when you sink into his arms, and it ends with your arms in his sink.« (»Es beginnt, wenn du in seine Arme sinkst, und es endet mit deinen Armen in seinem Spülbecken.«) So warnte ein altes feministisches Sprichwort verliebte junge Mädchen. Es gilt heute genauso wie früher – wahrscheinlich für beide Geschlechter. Wenn wir unsere Identität in der Liebe finden und uns dabei daran messen, wie sehr jemand uns liebt, dann geben wir unseren kostbarsten Besitz auf: unser Selbstwertgefühl.

Dieses Problem ist Thema des ausgezeichneten Buches »The Orchard« (»Der Obstgarten«) von Drusilla Modjeska. Modjeska erzählt einige Geschichten über die Liebe und das Leben aus der Sicht einer weisen, welterfahrenen Frau namens Ettie. Beim Lesen meint man am Küchentisch einer hartgesottenen, aber gutmütigen Ratgeberin zu sitzen mit dem untrüglichen Gefühl, sich Jahre der Sorgen zu ersparen, wenn man nur aufmerksam zuhört.

Hier einige unserer Lieblingspassagen:

> »... man hätte uns als Mädchen lehren sollen, auf eigenen Beinen zu stehen, hätte uns lehren sollen, wie gefährlich es ist, das Glück von den Launen der Liebe abhängig zu machen. Aber solange wir in einer Kultur leben, in der die Familie unsere sehnlichsten Wünsche festlegt, solange unser Wunsch nach Nähe und persönlicher Zufriedenheit an romantische Zweisamkeit gekettet ist, solange braucht es sehr viel mehr als bloßes Instruieren.«

»Ein kühler Kopf«, sagt Marie Louise von Franz, »und gesunder Menschenverstand, Selbstbeobachtung und -reflexion ..., ein gewisses Maß an Weisheit und Humanität. Diese vernünftigen Eigenschaften sind erforderlich, weil das Drama der Liebe nie vernünftig ist, sondern gefährlich und verführerisch, und weil die in unserer indviduellen Psyche begründeten romantischen Bilder und Projektionen uns stets von der Realität ablenken und zum Schwärmen verleiten oder in eine innere Phantasiewelt hinabziehen wollen. Das heißt nicht, man solle Liebe und Leidenschaft ablehnen, im Gegenteil. Es ist vielmehr die Aufgabe von Reife, sie voll auszukosten und so diese einflussreiche Sphäre unseres Lebens mit Herz und Verstand zu begreifen. Wer sich dieser Erfahrung nicht auszusetzen vermag, der hat nicht gelebt«, und, so fährt sie fort, »wer an ihr scheitert, der hat nichts verstanden.«

Mit anderen Worten: Sie kommen nicht weiter, wenn Sie der Liebe ausweichen. Sie sollten sie allerdings nicht als Stütze benutzen, sondern annehmen als Herausforderung, Ihr Selbstbewusstsein zu entwickeln und zu stärken.

Modjeska zitiert die Künstlerin Stella Bowen:

»Manche Leute glaubten, dass ... Glücklichsein eine Art Geschenk sei, das einer dem anderen überbringen kann. Wir müssen wissen, dass es unmöglich ist, einem anderen Menschen zu gehören (denn letztendlich müssen Sie selbst für sich verantwortlich sein – ebenso wie darauf gefasst, allein zu sterben). Wie banal das klingt, wie unerheblich. Doch wie aufschlussreich ist es.«

An späterer Stelle des Buches kommt sie erneut darauf zu sprechen, dass eine unerlässliche Vorbedingung der Liebe darin besteht, man selbst zu sein:

»Was hoffen wir in den Augen unserer Geliebten zu sehen? Und was sollen unsere Geliebten sehen? Unser ideales Selbst, reflektiert im Spiegel der Liebe? Einen Glorienschein, den wir nicht als den unseren erkennen würden, wenn wir allein dastünden? Lautet die brutale Wahrheit, dass wir in der Liebe nicht einen geliebten Menschen, sondern unser erhöhtes Selbst zu finden hoffen? Narziss fiel in den Teich und ertrank, angezogen von der Schönheit seines Spiegelbildes. Dies war eine angemessene Strafe für Narziss' Frevel, aus Selbstbezogenheit die ihm angebotene Liebe nicht erkannt zu haben.«

Unreife Liebende (die wir wohl alle einmal waren) wollen also in Wahrheit nicht einen Menschen zum Partner, sondern einen Fan, eine Art Zauberspiegel, der sie perfekt und ohne Makel zeigt. Bei einem »Date« kehren wir natürlich unsere besten Seiten heraus und duften betörend. Wir wollen Eindruck machen. Doch Imponieren und Sich-in-Hochform-Zeigen eignen sich als langfristige Strategie nicht. Wir müssen uns dem anderen so offenbaren, wie wir sind, wenn wir uns nicht auf eine aussichtslose Mesalliance oder lebenslängliches Schauspielern einlassen wollen. Ein Freund von uns nahm seine neue Flamme mit auf eine Motorradpartie. Alles ging glatt, bis zur Heimkehr: Als er vor der Wohnung der Freundin parken wollte, stolperte er. Die schwere Maschine kippte um, und mit Gelächter und vereinten Kräften hievten die beiden sie wieder hoch. Da merkte er, dass er diese Frau zu lieben begann.

Seien Sie auf der Hut bei einem Partner, den Sie total super finden oder der Sie rundum super findet. Jede Frau, die ans Heiraten denkt, sollte mit ihrem Zukünftigen eine lange, beschwerliche Urlaubsreise unternehmen – irgendwohin, wo es keine modernen Installationen gibt. Das kann eine Menge Kummer ersparen.

Doch zurück zu »The Orchard«:

»Wir leben in einer Kultur, die uns täglich animiert, unsere Identität im Spiegel von anderen zu finden, uns am existentesten dann zu fühlen, wenn wir verliebt sind. Wir leben in einer

221

Kultur, die uns dazu anhält, uns so zu sehen, wie andere uns sehen.«

Allerdings ist der Preis hoch:

>Ein Objekt in den Augen anderer werden bedeutet, dass wir uns andere zum Objekt machen und somit auch uns selbst.«

Damit setzen wir uns und unseren Wert mit unserer Schönheit gleich, mit unserem Brautpreis. Und daher rührt der Jugend- und Schönheitskult ...

>Die Schmach, die Frauen erfahren müssen, die mit Skalpell und Gymnastik ewiger Jugend nacheifern, besteht darin, dass diese Rechnung nie aufgehen kann. Weshalb sollte ein Mann, der ein Mädchen (so frisch und hübsch, wie Mädchen es nun einmal sind) sucht, eine Ersatzprinzessin wählen? Keine Frau kann in diesem Rennen gewinnen. Und welche Frau von Format will einen Mann, der ein Mädchen will?«

Was für eine Aussage! »Welche Frau von Format will einen Mann, der ein Mädchen will?« Das frage ich mich immer bei rein kosmetischen Brustoperationen. Und antworte: Klar, große Brüste ziehen genau den Typ Mann an, der große Brüste für wichtig hält. Sie sind der Trostpreis ...

Jugend und Schönheit sind irrelevant, das ist der springende Punkt. Indem Sie älter werden und lernen, sich selbst besser zu verstehen und nichts vom anderen zu brauchen, gelangen Sie schließlich an den Punkt, an dem wahre Liebe möglich ist.

>Wenn man die Kamera schwenkt und den Sucher statt auf die Festigkeit der Brust auf die Erfülltheit des Daseins einstellt, dann dürfte es nicht mehr aussehen, als ende alles mit den ersten Falten in unserem Gesicht. Im Gegenteil. Es könnte sein, dass mit dem Alter alles erst richtig beginnt. Denn man braucht Zeit, um zu entdecken, was in einem steckt, um sich seiner Stärken und Fähigkeiten bewusst zu werden und um jene Flexibilität zu entwickeln, die weder fremde noch

eigene Dominanz fördert, sondern eine Ebenbürtigkeit, die jene, die wir lieben, mit der Wahrheit über uns vertraut macht.«

Glaubt die so unsentimentale Ettie trotzdem an das Glück?

»... es gibt tatsächlich glückliche Paare, sogar glückliche Familien. Aber ich würde nicht behaupten, dass sie alle gleich sind. Wenn ein Mann und eine Frau glücklich sind, die das Stadium des ›Verliebtseins‹ und das Kriegsgebiet hinter sich gelassen haben, dann kommt es einem Segen gleich, sich in ihrer Gesellschaft zu befinden. Paradoxerweise ist dieser Segen nicht sehr viel anders im Fall jener glücklichen Menschen, die gelernt haben, ein erfülltes Leben ohne Partner, wenngleich nicht unbedingt ohne Beziehungen und Intimität (womit ich nicht zwangsläufig Sex meine), zu führen. Glück-lich ist vielleicht der falsche Begriff. Es geht darum, ganz man selbst zu sein. Es zu sein weniger in dem Sinn, dass man sich ausruht. Vielmehr man selbst zu sein in dem Sinn, dass man eigene Maßstäbe definiert, und zwar nicht als Machtmittel über andere, sondern als Basis für den beiderseitigen Kontakt – nicht allein mit einem Ehepartner. Selbstwerdung kommt näher an das heran, was ich meine; der Begriff impliziert einen härteren, schmerzhafteren Prozess als das von Rosen überwucherte Häuschen, dessen Bild das Wort Glücklichsein heraufbeschwört ..., wobei es bestimmt ein Quell höchster Freude ist, wenn man das Ziel dieses Prozesses erreicht hat, ja sogar schon dann, wenn man es anzustreben beginnt. Dies setzt die Fähigkeit voraus, andere als so souverän zu erachten wie sich selbst; es erfordert hohe Geistesgegenwart ...«

Sie müssen also nicht unglücklich sein, wenn Ihr Partner unglücklich ist. Nicht ärgerlich, wenn er ärgerlich ist. Auch nicht besorgt, sein Missfallen zu erregen. Sie kümmern sich um ihn.

Sie kümmern sich um sich. Sie stehen auf Ihrem eigenen Grund und Boden, und somit können Sie es uneingeschränkt tun. Die Reise hin zu diesem Gefilde von Für-sich-Sein und Nähe dauert ein Leben. »Andere als so souverän zu erachten wie sich selbst«, darin besteht die wirkliche Reife.

Modjeska, Drusilla, »The Orchard«. Pan Macmillan 1994.

Bowen, Stella, »Drawn from Life«, 1941. Virago edition London 1984

Franz, Marie Louise von, »Projection and Recollection in Jungian Psychology«. Open Court, Illinois, Tr. 1980.

BILDNACHWEIS

Bavaria Bildagentur:
Umschlag

Volker Derlath:
Seite 34, 56, 78, 91, 116, 206

David Hancock:
Seite 2, 138, 174

Hansjörg Künzel:
Seite 10, 100

Markus Härle:
Seite 66, 94

Florentine Schwabbauer:
Seite 77, 229

Steve Biddulph:
Seite 54

REGISTER

Männer auf der Suche

Das Buch, das eine Generation von Männern verändern wird.

Männer auf der Suche beruht auf einer anschaulichen These: Die industrielle Revolution hat die Männer ihrer Väter beraubt, mit dramatischen Folgen für ihr Seelenleben und die innere Reifung. Anders als über Jahrtausende zuvor wachsen Jungen seit sieben Generationen ohne Mentoren, Initiationsriten und väterliche Führung auf – weil Männer aus Sozialleben und Erziehung weitgehend ausgeschieden sind.

NDR 2, Magazin Buchtip: »... ist es so spannend zu lesen wie ein Roman – selbst wenn Sachen drinstehen, die Mann vielleicht erst einmal nicht so gerne hört ... Und wer einen Sohn hat, dem sei das Buch doppelt warm an das Herz gelegt.«

288 S., geb., 15,5 x 21,5 cm, DM 36,– sFr 33,– öS 263,–, ISBN 3-89530-023-3

Männer Geschichten

Steve Biddulph hat dieses Lesebuch als Begleitband zu seinem Bestseller Männer auf der Suche konzipiert.
Er hat dafür unterschiedlichste Texte ausgesucht, die auf bewegende, anregende und aufbauende Weise davon erzählen, was es bedeutet, ein Mann zu sein.

Eine tief beeindruckende Reise in die innersten Welten von Männern. Zu den Highlights dieser Reise zählen die Cartoons von Michael Leunig und die hieb- und stichfeste Erklärung, weshalb auf dieser Welt nun wirklich nicht die Männer das Sagen haben.

240 S., 45 farbige Ill., 40 Fotos, DM 24,80 sFr 23,– öS 181,–, ISBN 3-89530-019-5

Steve Biddulphs aktueller Longseller:

Das Geheimnis glücklicher Kinder

Dieser in seiner Art einmalige Elternratgeber stellt psychologische Sachverhalte so klar und verständlich dar wie nie zuvor. Eltern haben tatsächlich praktische Handlungsanleitungen, wie sie mit ihrem Nachwuchs wieder fröhlicher, konfliktfreier und entspannter umgehen können. Sie erfahren, was wirklich in den Köpfen der Kinder vor sich geht – und wie man am besten darauf reagiert.

Süddeutscher Rundfunk

»Der beste Erziehungsratgeber seit langem. Ein wunderbares Buch für ›Praktiker‹, dem es gelingt, mit ›Aha‹-Erlebnissen bei der Lektüre wirklich weiterzuhelfen.«

Saarländischer Rundfunk

»Wenn Sie dieses Buch mit seinen gut strukturierten Kapiteln lesen, werden Sie buchstäblich die stützende Hand auf Ihrer Schulter spüren.«

199 S. 77 farbige Ill. Pb. 15 x 23 cm DM 26,80 sFr 25,- öS 196,-, ISBN 3-89530-000-4

Steve Biddulphs Folgeband zu

Das Geheimnis glücklicher Kinder

gibt Antwort auf zwei der drängensten Fragen heutiger Erziehung:

Wie können Eltern lernen, Disziplin und Gehorsam von ihren Kindern zu fordern, ohne auf physische Gewalt oder Einschüchterungen zurückzugreifen?

Wie können Eltern ermuntert werden, ihre Kinder selbst zu erziehen und die Aufgabe nicht anderen Personen zu überlassen?

In diesem Ratgeber macht Steve Biddulph verblüffenderweise klar, dass Eltern Disziplin nur erfolgreich einfordern werden, wenn sie ihren Kindern sowohl »sanfte« als auch »standfeste Liebe« entgegenbringen. Und die Biddulphsche »Strafmaßnahme« »Stillstehen und Nachdenken« zeigt, dass Gehorsam ein Lernziel hat – nämlich das Kind zur eigenständigen Verhaltenssteuerung anzuregen.

208 S., 50 farbige Ill., Pb. 15 x 23 cm, DM 26,80 sFr 25,- öS 196,-, ISBN 3-89530-020-9

Jungen!
Wie sie glücklich heranwachsen

Warum sie anders sind – und wie sie zu ausgeglichenen, liebevollen und fähigen Männern werden

Alle Eltern, die einen Sohn haben, sind um sein Wohlergehen besorgt. Doch überall, wo man hinsieht, geraten Jungen in Schwierigkeiten – in der Schule, auf der Straße, im Elternhaus, in ihrem Verhältnis zu Mädchen. Eltern fragen sich, was ihre Söhne beschäftigt und wie sie ihnen helfen können, die Klippen des Heranwachsens zu umschiffen.

Steve Biddulph schildert die wichtigsten Entwicklungsstadien der Jungen. Durch seine lebensnahe, klare und frische Darstellungsweise gelingt es ihm, ein völlig neues Bild unserer Jungen zu zeichnen. Und Lösungen anzubieten, wie Erziehende den Jungen helfen können, Wege aus Problemzonen wie Lernschwierigkeit, Verhaltensauffälligkeit, aber auch Drogen und Gewalt zu finden.

240 S., 45 farbige Ill., 40 Fotos, DM 24,80 sFr 23,– öS 181,–, ISBN 3-89530-019-5

Lieben, lachen und erziehen

Die kostbarsten Jahre im Leben einer Familie

- Über 30 Seiten Praxistipps mit vielen Anregungen für Spiele und Unternehmungen

- Erfahrungsberichte von anderen Eltern zeigen Lösungsmöglichkeiten für schwierige Situationen auf

- Damit der Humor nicht auf der Strecke bleibt: witzige Geschichten rund um das Elterndasein

- Aus dem Tagebuch eines Vaters – Was uns das Leben mit Kindern lehren kann

Steve und Shaaron Biddulph zeigen in diesem Buch, dass der allerwichtigste Faktor in der Entwicklung von Kindern die von Liebe und gegenseitigem Respekt geprägte Kommunikation innerhalb der Familie ist. Sie geben viele Tipps, wie Eltern ihren Kindern helfen können, zu glücklichen Menschen heranzuwachsen.

240 S., 15 farbige Ill., 240 Fotos, DM 39,90 sFr 39,80 öS 295,–, ISBN 3-8310-0048-4